日本LGBT協会
代表理事
清水展人

子どもも大人も
わかっておきたい

いちばんやさしい
LGBTQ

JN039239

KADOKAWA

日本LGBT協会の
清水展人です

私はLGBTQや
多様性を
もっと知ってほしくて
日々活動をしています

LGBTQ

まずは
私の生い立ちを
紹介させてください

1985年に
「**展子**」として
兵庫県に
生まれました

幼少の頃から
スカートをはくのを嫌い、
ズボン姿で外遊び
ばかりしていました

小学生になると
心から好きになる子は
女の子ばかり。
「好きになった人と幸せに
なれるといいな」と感じ始めます

ひろちゃん

せっかく買った
ワンピース
着ないの!?

ひろちゃん
おはよー♪

高校生になり「女の子らしくする方が生きやすいのでは?」とスカートをはき、コスメも買い、男性ともつきあってみましたが…

やはり自分は女性しか好きになれない…

努力が足りないんだろうか…

でもこれ以上自分にウソをついているのは苦しすぎる…

本当の自分はどう生きたいんだろう…

私はなぜこんな運命のもとに生まれてきたんだろう…

生きている価値って何なんだろう…

そんなとき性同一性障害を抱える中学生が主役のドラマをテレビで観て

私と似てる!! と衝撃を受けます

ひろちゃんこれじゃない?

このことがきっかけで「女の子らしく」がんばるのをやめた私。心と体の性が一致しない人もいるんだと知ったことで希望の光が見えました

少しずつでも自分らしく生きていこう!

大学時代は
よき理解者でもある
彼女ができ

ホルモン
注射を始め
少しずつ
自分らしく
生き始めた私は

意を決し、
両親に
カミングアウト!!

すぐには受け入れてもらえませんでしたが
21歳で性別適合手術を受けるときは、
海外まで父が付きそってくれました

俺もついて
行くから

手術後、裁判所で
戸籍上の
性別と氏名を変更

長男
『展人』

人生の再出発をするため、
それまで女性として
働いていた職場をやめ、
男性として再就職するも

私も
誰かの心のケアが
できるように
なりたい!

と、決意して
医療専門学校
に入学

4

苦労して
卒業した後、
精神科で勤務

この頃から
人の目も
気にならなくなり、
男性として自信が持てる
ようになってきました

そして専門学校で
知り合った女性と
結婚!!

その後、
妻の応援もあって
病院をやめ、
現在は「日本LGBT協会」
の代表として
全国の自治体、学校や
企業などで講演をしたり、
相談や支援をしたりなど
全力を注いでいます

人権フェスティバル

AID（P.48）によって
2人の子どもの父にもなりました

パパー

子どもたちも
すくすく育っています

ひとりひとりの
生まれ持った性は
グラデーション。
すべての人が自分らしく幸せに
生きていこう!!

というメッセージを
これからも発信して
いきたいと思います！

もくじ

69 法律や制度って どうなっているの?

STAFF

デザイン／大塚將生（marrons' inc.）
イラスト／カツヤマケイコ
写真提供／AFLO
校正／麦秋アートセンター
編集協力／中原秀子
編集／藤原民江（KADOKAWA）

今さら聞けない
LGBTQのこと

Part 1

そもそも
LGBTQって
何のこと？

エル　ジー　ビー　ティー　キュー

　この頃認知されるようになった<u>LGBTQ</u>とは、以下の言葉の頭文字をとったものです。

　L（レズビアン）は女の人を好きになる女の人。G（ゲイ）は男の人を好きになる男の人。B（バイセクシュアル）は両性愛者で、女の人も男の人も好きになる人。T（トランスジェンダー）は生まれたときに割り当てられた体の性と心の性に違和感を持っている人のこと。

　そして、Qには2つの意味があり、<u>1つ目はクエスチョニングといい、自分の性（セクシュアリティ）を男性、女性とはっきり特定されたくないと迷い揺れ動くことのある人。2つ目はクィアといい、性的マイノリティを大きくまとめた言葉。</u>クィアには、「奇妙な」「風変わりな」という意味があって、かつては同性愛者などに対し、差別する言葉として使われていましたが、現在は、性的マイノリティの総称と

して当事者も自己肯定的に使用しています。また、アジア地域の会議などではLGBTQIAと呼ばれることもあります。

　I（インターセクシュアル）は生まれたときの体の性別が男女いずれかにはっきり区別できない状態のこと。A（アセクシュアル）はいかなる他者にも恋をしたいと思ったり、性的な愛情を求めたりしない人。その他にもX（エックスジェンダー）という、自分が男女どちらでもある、あるいはどちらでもない、または男女のあいだに位置すると認識している人もいます。

　これらは、**私たちひとりひとりが生まれ持ったセクシュアリティの違いを意味します。カテゴリーにとらわれすぎず、誰もが大切に尊重されなければなりません。**

性のあり方は いろいろ

　まずLGBTQをより理解する中で、SOGIESC（ソジエスク）について知ることが大事です。SO（セクシュアルオリエンテーション）は性的指向、GI（ジェンダーアイデンティティ）は性自認、E（ジェンダーエクスプレッション）は性表現、SC（セックスキャラクタリスティックス）は性的特徴を意味します。この4つのグラデーションの要素で、人の性のあり方が理解できます。

1 性的指向（好きになる性）

　どのような人に「好き」という感情を抱くかということ。用語としては、異性愛者だと感じている人のことを「ヘテロセクシュアル」、同性に恋愛感情を抱くレズビアンやゲイの人のことを「ホモセクシュアル」、男性と女性どちらにも恋愛感情を抱く両性愛者のことを「バイセクシュアル」、他者に対して恋愛感情も性的欲求も抱かない無性愛者のことを「アセクシュアル」、すべての性別に対して恋愛感情や性的欲求を抱く全性愛者のことは「パンセクシュアル」と呼んでいます。

2 性自認（心の性）

　それぞれの性の自己認識のこと。「シスジェンダー」とは、性自認

SOGIESC（ソジエスク）のセクシュアリティを示すグラフ

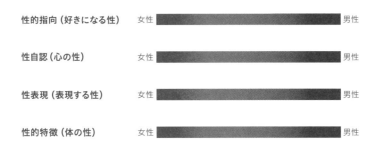

性的指向（好きになる性）　女性 ████████████ 男性

性自認（心の性）　女性 ████████████ 男性

性表現（表現する性）　女性 ████████████ 男性

性的特徴（体の性）　女性 ████████████ 男性

（心の性）が生物学的性別（体の性）と一致している人。「シス男性」「シス女性」と表現され、一般的には「ストレート」とも呼ばれています。性自認が生物学的性別と一致せず、性別の枠を超えようとする人を「トランスジェンダー」（私もそのひとりです）。また、「MtF（Male to Female）」は体が男性で生まれたが性自認は女性として生きる人、「FtM（Female to Male）」は体が女性で生まれたが性自認は男性として生きる人を指し示します。さらに「ジェンダークィア」は性自認が男性でも女性でもある、あるいはどちらでもない人を指します。

3 性表現（表現する性）

　服装や髪形、仕草、ふるまいなどの表現のこと。性自認と性表現は一致しないことがあります。

4 性的特徴（体の性）

　生殖器、乳腺、ホルモン値、体質など人それぞれの身体的違いのこと。

　このように、人それぞれ、性のあり方はグラデーションで多様なのです。自然な自分らしい性のあり方を理解し、自分とは違う性のあり方があることを認め合いたいですね。

ひとりひとり セクシュアリティが 異なるって どういうこと?

　<u>誰もが性のグラデーションを持っているということです。</u>P.14〜15で4つの性のそれぞれのグラデーションを見ていただきましたが、あなたの性のグラデーションはどんなふうになりましたか?

　<u>私たちの性を、身体的な男性と女性だけに分類して語ることが難しい</u>ということがわかっていただけたのではないでしょうか。

　性は毎日の生活につながっています。毎日、自分らしく身なりを整えて自己表現をしていませんか?　自分自身のことを第一人称でどう呼んでいますか?　「私」?、「僕」?、「俺」?、それとも「うち」でしょうか?　場面や相手によって自然にゆらぐことはありませんか?　また、病院で健康保険証を見せたり、役所などで書類の性別欄に丸をつけたり、様々なアンケートフォームの性別に丸をつけることは、誰もが経験をしているのでは。

　そして、生物学的性別(体の性)については、あなたも保健体育の保健の座学や家庭科の授業を受けたことがあるかもしれませんね。

<ruby>卵<rt>らん</rt></ruby><ruby>子<rt>し</rt></ruby>と精子が受精し、お母さんのお腹で成長して赤ちゃんが<ruby>誕生<rt>たんじょう</rt></ruby>すること、どうすれば赤ちゃんが生まれるのかを学ぶことも、セクシュアリティ(性)について考えていく上で私は大切だと思います。

　こんなにたくさんのグラデーションがあることを私は小さな<ruby>頃<rt>ころ</rt></ruby>に知らずに過ごしていたので、**「周りに合わせた幸せの形を生きなければならないのかな？」**と不安や<ruby>恐怖<rt>きょうふ</rt></ruby>を感じてきました。でも、この<ruby>虹<rt>にじ</rt></ruby>色のようなグラデーションがあることを知ったことで、それぞれにセクシュアリティもこんなに個性があるのだから、生き方も、パートナーとの過ごし方も、家族のあり方もバリエーションがいっぱいあっていいことがわかったのです。

　みんなひとりひとりの性のあり方が多様にあり、多様にあるあなたらしいセクシュアリティを大切にしていきましょう。そして、あなたの周囲にいる家族や友人、出会う人々のセクシュアリティも大切に<ruby>扱<rt>あつか</rt></ruby>ってほしいと思います。

性的マイノリティは、病気ではないのです

　かつて同性愛者は、ヨーロッパやアメリカのキリスト教社会では正しくない、場合によっては犯罪者とみなされていたことがありました。現在では世界保健機関（WHO）が「同性愛はいかなる意味においても治療の対象とはならない」と宣言。アメリカ精神医学会、また日本精神神経学会も同性愛を「異常」「精神疾患」とはみなしていません。1994年には文部省（現文部科学省）も指導書の「性非行」の項目から同性愛を排除しました。また、バイセクシュアルの人（男女の両性に性的魅力を感じる両性愛者）は、医学用語として「bisexual」という用語はあるものの明確な疾患とされてきた歴史はありません。

　そしてトランスジェンダー（体の性と心の性が一致しない人）は、日本では「性同一性障害」として知られていますが、精神疾患の意味を持たない用語なのです。

　一方で「性同一性障害」は精神疾患の1つとしてDSM（アメリカ精神医学会の診断・統計マニュアル）で分類されてきました。トランスジェンダーはホルモン治療や外科的治療（手術など）を求める人もいることから、医学的治療の対象者を明確にする必要性があり、や

はり医学的疾患とすべきだという考えもありました。

　つまり性同一性障害は病気ではないという「脱病理化」の意見と、「疾患として継続する必要がある」との話し合いが続いていたのです。そして、アメリカ精神医学会は2013年に「性同一性障害」に変わって、「性別違和」という疾患名に変更し、リストへの掲載のみ継続となりました。また、WHOも「性同一性障害」は「性別不合」へ名称変更を行い、精神および行動の障害の分類からは外され、性の健康に関連する状態としての分類へと変更されたのです。

　まとめると、「リストには残っているが、それは病気としてではなく、性の健康に関する状態で、精神疾患ではない」というのがWHOのICD-11という診断基準における位置づけとなっているのです。

 世界保健機関
（WHO）　：　国際連合の専門機関の1つ。人間の健康を基本的人権の1つととらえ、その達成を目的として設立された。

誰にでもある　マイノリティな部分　について

　マイノリティには、「少数派」「少数者」という意味があります。たとえば、血液型では、O型やA型の人に比べるとAB型の人はマイノリティに該当します。利き手が右手ではなく、左手の場合もマイノリティといえます。また、学校の中で生徒会の役員をしている人や、会社員としてお勤めの人が多数の中で会社の代表をしている人も、マイノリティに該当します。その他にも趣味のランキングを見てみると、年代によっても様々で、手芸や読書、音楽鑑賞やスポーツ、ゲームなどが上位を占めますが、特化した分野が好きで好きで仕方がない車マニア、鉄道マニア、アイドルマニア、歴史マニア……といった人たちもマイノリティといえます。このように、私たちには、何かしら人との違いやマイノリティの部分があるものなのです。

　そう考えれば、私を含め、性的指向（好きになる性）や性自認（心の性）において少数派の人たちは、多くの人から見ればマイノリティかもしれません。そもそも誰もがマイノリティな部分を持っているの

だからそれは個性であり、特別なことではないと思いませんか？
**実は、性的マイノリティの割合（わりあい）は10％という数値があり、10人いれ
ばそのうち1人が該当します。**誰にでもあるマイノリティな部分、た
だそれが私の場合はセクシュアリティ（性）の要素であったと考えて
います。その他にも私にはマイノリティな要素はいろいろあります
よ。教育職員免許状（めんきょ）を持っていたり、作業療法士（りょうほうし）という資格を持って
いたり、中型バイクの免許を持っていたり、畳職人（たたみ）だって経験しまし
た。では次にあなたの個性を見つける質問をします。「あなたはどん
なマイノリティの要素がありますか？」

　このように、人との違いに気づくということは、「自分らしい個性」
に気づくということ。**誰にでもあるマイノリティな部分はあなたの
個性です。**あなたの個性も、そして他の人の個性も大切にし合いたい
ですね。違いがあるからこそ、世の中はおもしろいですね。

06

SDGsの ジェンダー平等と 関係はあるの？

おそらく一度は耳にしたことがあるであろうSDGs（Sustainable Development Goals）という言葉は、日本語にすると「持続可能な開発目標」。現在、2030年までに達成期限を定めて国連加盟国すべてが取り組むことで、より良い地球を目指していく長期的な指針として17の目標が掲げられています。

SDGsのゴール5には「ジェンダー平等を実現しよう」という目標があり、ジェンダーに基づく偏見や不公平をなくしていきジェンダー平等の実現を目指しています。では、そもそもジェンダーとは何でしょうか？　ジェンダーとは身体的特徴（体の性）とは違い、一般的に、世の中から求められる役割、立場の違いによって社会的・文化的につくられる性別のことを指します。たとえば「料理や洗濯、家事は女性が行うもの」というようなことです。「男性でも料理や洗濯が上手にできる人もいるのに」と、使われる性別がジェンダーとなるのです。とらえ方は国や時代が変われば、違ってくるものでもあります。「男らしさ」「女らしさ」といった役割や立場を、「男性はこうあるべき」「女性はこうあるべき」と決めつける必要はありません。また、SDGsで使われている文言はLGBTQを含むすべての人に適用できる

ように地球上の誰ひとり取り残さないことを誓い、包括的なものとなっています（目標1、3、4、5、10、11、16に関わる）。

　2022年のジェンダーギャップ指数では日本は146カ国中116位※、これは先進国の中で最低レベル。アジアの中でも韓国や中国、ASEAN諸国（インドネシア、マレーシア、フィリピン、シンガポール、タイなどの東南アジア10カ国）より低い結果です。特に顕著に表れているのが「政治」「経済」の分野。日本は政治家をはじめ男性優位の社会からいまだに脱却できずにいるのです。

　女性やマイノリティの人々の能力を生かして活躍できるようにしていくためにジェンダー平等の意識改革とアクションが必要です。性の枠を取り払い、ひとりひとりの個人の能力や多様性を認め、尊重し合い、日本がより一層、繁栄していくことができるように、がんばらなくてはいけませんね。

※世界経済フォーラムが「ジェンダー・ギャップ指数2022」を公表　内閣府男女共同参画局総務課「共同参画」（2022年）

　✏ **エスディージーズ　SDGs**　┊　2030年までに持続可能でよりよい世界を目指す国際目標。地球上の「誰ひとり取り残さない」ことを誓っている。

好きになる人は異性でないこともある

　学生時代、保健体育科の教科書に「思春期になると自然と異性への関心が高まる」と、記述されていることがありました。あなたはこれについてどう思いますか？　この伝え方では性的指向（好きになる性）が同性に向いている学生は「自分はおかしいのではないか」と考えてしまうかもしれません。性的指向は異性、また同性だけというケースだけではなく、異性と同性と両方、あるいは誰にも恋愛感情や性的な興味や関心を抱かないという場合もあります。

　それを考えると、教科書の記載では「思春期になると自然と他者を好きになったり交際に憧れたりと関心が高まることがあります」という内容であってほしいと思います。私も戸籍上、女性のときに女性を好きになったことがありましたが、「どうして？」「環境ホルモンの影響？」「原因は？」と言われ、病気のような扱いをされたことがあります。「病気ではない」（P.18）でも述べましたが、決して疾患などではないのです。自然と心に抱く、人を好きだなという気持ちをそれぞれに大切にし合いたいものです。また、私がかけられた言葉を同じような性的マイノリティの人々が言われないように、学習指導要領や教科書の内容も変えていく必要があります。

好きという気持ちは多様

　性的指向が変わることがあるかというと、それは、変わるというよりも、どの時点で気づくのかということかもしれません。同性を好きになると思っていたら異性にも惹かれることがわかってバイセクシュアルだと腑に落ちる人や、バイセクシュアルとして過ごしていたけれど同性と一緒に過ごす方が過ごしやすいと同性愛者に戻る人も。また、あるときから男性でも女性でもないエックスジェンダーとの付き合いの方がわかり合える、トランスジェンダーとして生きる人を好きになるということもあります。

　こんなふうに、人の好きという気持ちや感情は多様なのです。私自身学生時代トランスジェンダーだから、「人と恋愛関係になりづらいのではないか」と悩んだりしてきましたが、今思えば無理にカテゴリーに分類される必要はなく、**「人としてどう魅力的であるか」が大事**だとつくづく感じます。

 学習指導要領　全国のどの地域で教育を受けても一定水準の教育を受けられるようにするためのもの(文部科学省が定める)。

レインボーは
どういう意味？

　レインボーと聞いてどんなことを想像しますか？　虹（にじ）色のレインボーカラーをイメージした人も多いかもしれませんね。実は、<u>虹（レインボー）は世界中で性の多様性を尊重（そんちょう）する象徴（しょうちょう）として使用されています</u>。そして、レインボーマークはLGBTQコミュニティはもちろん、企業や行政機関などでもALLY（アライ）（積極的な支援者（しえん））、LGBTQフレンドリーであることを示すために使用されることが増えてきているのです。

　発案は、1977年にアメリカ合衆国・カリフォルニア州でゲイであることを公表し、選挙で選ばれた市会議員、ハーヴェイ・ミルクさん。ハーヴェイ・ミルク議員はアーティストのギルバート・ベイカーさんにレインボーフラッグの製作を依頼。ギルバート・ベイカーさんは<u>「前向きで私（わたし）たちの愛を祝すもの」</u>をテーマにつくったといいます。色にはそれぞれ<u>ピンクはセクシュアリティ（性）、赤は命、オレンジは癒（い）やし、黄色は太陽光、緑は自然、ターコイズは魔法（まほう）、青は調和、紫（むらさき）は精神</u>という意味があります。その後、ハーヴェイ・ミルクさ

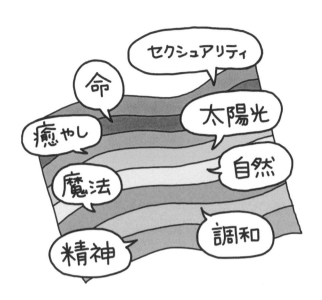

んが1978年に暗殺されたことを受け、レインボーフラッグの需要が増えていきました。実は、世界中には、レインボーフラッグにも様々なグラデーションデザインが存在しており、LGBTQコミュニティの中でも黒人や褐色の有色人種の人々が直面している独特の困難さを示すために黒、茶色などを使用しているレインボーフラッグもあります。その他、レズビアンフラッグ、アセクシュアルフラッグ、トランスジェンダーフラッグ、インターセクシュアルフラッグ、ジェンダークィアフラッグなど、多様なグラデーションフラッグが存在しているのです。

　このレインボーカラーは、<u>LGBTQコミュニティの人々みんなにとって、いじめやハラスメント（嫌がらせ）などを受けない安全な場所・支援者であることを示すことが大きな目的</u>なのです。

 ALLY　　LGBTQの積極的な支援者、味方、仲間のこと。
アライ

Q & A

LGBTQのモヤモヤ、
お答えします！

Q

「戸籍が女性だったとき、
楽しかったことは何もなかったですか？」

A

楽しいこともありました。友達と走り回って遊んだり、家族
で動物園、水族館に出かけて絵を描いたり、女子サッカー
部を創設するときの体験も貴重だったと思います。

Q

「女の子だったとき、親に対して
どういう感情を持っていましたか？」

A

まずは育ててくれた両親にありがとうと感謝の気持ちで
す。幼い頃は父には恐れと尊敬、母には安心と親しみの感
情を持っていたように思います。

Q

「女性時代のアルバムを見て、
どんな気持ちになりますか？」

A

笑顔の少ないスカート姿の写真もありますが、小学校卒
業アルバムには「人に勝つより自分に勝つ」と書いてあり
ました。私の生き方を見透かされていたように感じます。

自分ごとで
考えてみる

Part

2

自分ごとで考えてみる

自分の性を
再認識してみる

　今までにあなたはどのような性教育の授業を受け、勉強をしてきましたか？　私は小学生時代に、「男女の体の性の発達について」と「卵子と精子が受精して生命が誕生するまで」を学習しました。それらも大切だと思いますが、ここではP.14〜15で紹介した 4 つの性の構成要素から、**実際にあなたの性について改めて考えてみましょう。**

　まず、好きになる性（性的指向）について、あなたが「好きだな」という感情を抱く相手はどんな人でしょうか？　私の場合、戸籍上女性の方と結婚しましたが、戸籍が女性ならば誰でも良いわけではありません。性格が優しく思いやりのある人、私の良き理解者になってくれる人、共に夢を持って応援し合い支え合える人、笑顔が素敵な人というように、列挙するといろいろな要素が含まれていました。

　あなたはどんな人とパートナーシップを組んで共に生きていきたいですか？　**次に心の性（性自認）について、あなたは自分のセクシュアリティ（性）をどのように認識していますか？**「100％男だ！」と答える人もいれば、「戸籍上女性だけど、心の中は男性ぽい！」という人もいるでしょう。場面や状況によって変化し動くという人もいるかもしれません。周囲から求められているセクシュアリティの役割は、いったん、とっぱらって考えてみると自分というものがわかってくると思います。

そして、**表現する性（性表現）**も多様にあります。あなたはどんなふるまいや仕草、またどのような服装や髪形を好んでいますか？どんな表現のあり方が、自分らしくしっくりくると感じられるでしょうか？

　最後に、**あなたの体の性はどうでしょうか？**　私たちの体には男性ホルモンも女性ホルモンも両方が備わっているのですが、ひとりひとりの体の状況や体質も身長や体重が異なるように年齢が加わるだけでも変化し、多様なのです。

　あなたの性にはどんな個性があるのでしょうか？

SOGIESCのセクシュアリティを示すグラフ

（2023年現在の筆者の場合）

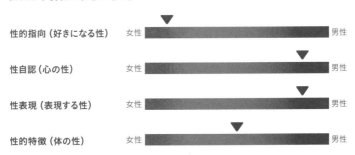

自分ごとで考えてみる

相談したいときは まず、どこに？

　あなたはセクシュアリティ（性）について、相談をしてみたいと思ったことがありますか？　そのとき、誰に相談するでしょうか？友達ですか？　家族ですか？　先生ですか？　それともまったく知らない人ですか？

　実は、私が小中学生の頃、学校でいつでも悩みがあったら電話をかけていいよ、というカードを配ってもらったことがあります。その頃は「自分はこういうカードに書かれた番号に相談をするほどではない」と思っていました。また「自分よりも、もっともっと深刻な悩みを持つ人がかけるべき電話なのだろう」とも思い込んでいました。学校の保健室前にも電話相談を呼びかけるポスターなどが張り出されていた記憶はありますが、「自分はかけるに値しない、簡単にかけてはいけない」と思っていたんですね。

　大人になって気づいたことは、私が子どもの頃に暴言を吐かれ、悩んでいて誰にも相談ができなかったときにも、就職活動で悩んでい

たときにも、電話をしてよかったのだ！ということでした。当時は、電話をかけたところで、誰にも理解してもらえないだろう、というあきらめた気持ちがありました。けれど、もしかしたら電話をすることで憂鬱（ゆううつ）な気持ちが軽くなり、聞いてもらうことで自分自身を否定する気持ちから少しでも肯定（こうてい）するように変わったかもしれないと、今では考えています。

　最近では私自身も、心のケアの専門家（せんもん）ということもあり、行政機関と連携（れんけい）して性的マイノリティ特設電話相談窓口（まどぐち）の専門相談員を行っています。またカウンセラー向けの研修や、24時間自殺予防のための電話を受ける人に向けての研修なども例年行っています。P.127に相談先リストを掲載（けいさい）しているので、**理解してもらえないのではないかというあきらめの気持ちを持たずに、電話をしていただきたいなと考えています。**

いつ、誰に カミングアウト する?

　もし、あなたがカミングアウトしようと思った場合、いつ、誰にするでしょうか?

　厚生労働省の調査では、10代の親へのカミングアウト率11.5%、親以外へ41.0%というデータがあります。親と親以外では約4倍の差がありますね。また20代でも親へのカミングアウト率16.9%に対し、親以外へは46.2%です。共通して親よりも親以外への方がカミングアウトをしやすい傾向があるのです。

　では、**セクシュアリティ(性)について親には話しづらい、カミングアウトしづらい、その根本的な原因は何でしょうか?**　性的マイノリティの当事者たちから話を聞くと、多くが「親に理解されるか不安だった」「親に否定されるのが怖かったから話せなかった」と語ります。本心では、誰よりも自分を生み育ててくれた大切な親に本当のことを伝え、そのままの自分を愛してほしい、認めてほしいと思っているのですが、安心して話せないのです。

　親御さんを責めるつもりはありません。世界ではまだ、性的マイノ

リティへ厳しい目が向けられている国もありますが、<u>日本の社会は</u>
<u>ようやく性の多様性についての理解の輪を広げるための成長過程に</u>
<u>あるのです。</u>私自身の親もそうでしたが、悪気なく当たり前のように
「女の子はこうあるべきだから」と疑わず、周囲の考える「女らしさ、
男らしさ」を求められたように感じています。

　いつ、誰にカミングアウトするのか、またはカミングアウトしない
のかという選択肢も、<u>本人の自由です。強要するものでもありませ</u>
<u>ん。</u>お伝えしたいのは、この本を手に取ってくれている親御さんたち
には、大切なお子さんがもし、自分の親に打ち明けたいなと思ったと
きに、話ができるような環境を整えていただけると嬉しいなという
ことです。それには、「安心して打ち明けていいよ」というメッセージ
を言葉や行動で示していくことが大切です。日頃の価値観が言葉に
なり、態度になり子どもたちに伝わっていく、大人が子どもにとって
最大の拠りどころになるのです。

自分ごとで考えてみる

学校で 理解を広げる 方法はあるの？

　幼稚園から小、中、高等学校で性的マイノリティについて理解を広げるために、できることはたくさんあります。まず、多様なセクシュアリティの人々が身近に存在することを知ること。「悪気はない」「知らなかった」という理由で、立場が強い人や大人である私たちは、子どもたちが嫌な思いをすることをなくしていかなくてはいけないと考えています。

　次に、性的マイノリティの当事者らが、どんな悩みを持ち、どんな支援を必要としているのか、問題点を聞く力や姿勢が重要です。問題点がわからなければ、解決策を学校内外で話し合うことすらできないからです。具体的には、以下のとおり、少しずつでも進めてほしいと思います。

1 研修会や講演会など、知る機会をつくる

　学校教職員、保護者、児童・生徒向け講演会など、児童・生徒たちに話を聞いてもらうことも重要です。けれど、子どもと接する大人たちが今までのセクシュアリティ（性）やジェンダーにおける固定観念を払拭していくことも、子どもたちの教育環境の中では大きなアプローチの1つです。

2 グループディスカッション

　教職員会議など教職員を中心としたディスカッションや生徒会を中心としたディスカッションです。すぐにでも取り組めること、翌年に実行できること、したいことを、それぞれの学校の理念や教育像の実現に向けて、①ゴール、②現在、③ゴールまでの課題、④解決方法という順に話し合いを行います。

3 アンケート

　ある学校では保護者の意見を集計したところ、意外にも講演会を積極的に実施することや制服の改定についても賛成意見が多かったのです。「私たちが思っているよりも社会や保護者の方の理解は進んでいるんだなと感じました」と管理職の先生が話されていました。

4 図書室、保健室、ホームページ、学校からの発信

　教職員研修後に、ホームページへの掲載、図書室や保健室に性の多様性に関する書籍を配置する、図書便り、保健室便り、校長便り、学級通信など配布物の他、ポスターを張るなどで周知を図ることも一助となります。

自分ごとで考えてみる

トイレはどちらに入ればいい?

<u>「自分が安心して使えるトイレを選んでください」ということを</u>まず、お伝えしたいです。

　というのも現在、「多目的トイレ」「みんなのトイレ」「だれでもトイレ」「ゆったりトイレ」「どなたでもご自由にお使いくださいと表示されたトイレ」など多様なトイレが増えているからです。学校にそういったトイレがない場合は、「教職員用トイレ」を使用させてもらうといいでしょう。

　とはいっても、**気になってしまうことは、何も悪いことではありません。**

　私でも、「多目的トイレ」を使用するときには、見た目で私がトランスジェンダーであることがわかりづらいために、出入りの際にジロッと見られることがあり、「怒られたりしないかな」と気になってしまうことがあるのですから。

　以前はそういったトイレが少なく、戸籍上女性だけれど見た目が男性ぽい時代の私は女子トイレを使用していて、知らない人からにらまれたり、「コラ!」と大きな声で怒られたりと、涙が出てきたりするほどにつらいと感じる時期がありました。その場ですぐ、自分のことを説明するというのはなかなかできることではありませんよね。

　ホルモン治療を開始（私の場合は女性の体に男性ホルモンを投与）してからは、男子トイレを使用することもありましたが、このときはさらに安心できずに冷や汗をかいていたように思います。トイレの機会を極力減らそうと、水分を摂取しないような不健康な努力をしていたこともありました。

　しかし、健康な体で生きていくためにも、水分を摂取しないということはありえない行動であり、私と同じようなトランスジェンダーの方にも決してすすめることはできません。

　<u>これからは、誰もが安心して使えるトイレを行政、学校、企業などが、もっと積極的に設置してほしいと思っています。そういったトイレがまだまだ足りていないからです。</u>そして、「どなたでもご自由にお使いください」と表示されたトイレ」「みんなのトイレ」を設置するときには、出入りの際のシルエットがわかりにくいようにするなど配慮があるとさらに嬉しいなと思います。

　最後にトイレでは人の視線が気になったり、人に注意されたりといったハード面以外の問題がうきぼりになります。様々な人が使いやすい物的、<u>人的環境が必要</u>です。

特別に
お金がかかるの?

　LGBTQであるため、経済的に特に負担がかかるかというと、かからない人もいれば、かかる人もいます。

　私(トランスジェンダー)の場合は、それなりに負担があったことは確かですが、必要となるコストは、それぞれの状況や治療の程度も違うので、ここでは、一例として私が支払ってきた主な出費について紹介しましょう。

　まず、身体の違和感が強くなってきた頃、当時「ナベシャツ」といわれる胸を平らにするシャツや、薬局で「髭クリーム」などを購入していました。そして、実際に両親と病院で初めて受診した際には、保険が適用されず、カウンセリング、心理検査、血液検査に1万円を超える医療費を支払いました。両親が「え!?　高い!」と驚いていたことをよく覚えています。

　それからホルモン治療を開始。保険適用のこともあれば、保険適用外のクリニックも多く、1カ月に1回程度(人によっては2〜3週間に1回程度)の治療にもお金がかかることになりました。高けれ

ば1回9000円程度かかったこともありますが、現在は保険が適用され700円程度になっています。その他、治療による身体への影響をチェックするために定期検査などもあり、保険が適用されたとして年間1万円程度の支出になります。この治療は<u>一生継続するものなので、18歳からずっと払い続けなくてはなりません。</u>

　また、社会人になってから性別適合手術を台湾で受けましたが、手術費用、台湾への渡航費が父と2人分、ホテル代、入院費、通訳費、両替費、手術先を紹介してくれたコーディネーターへのコンサルティングフィーなどがかかりました。21歳のときまでに貯金をした200万円以上を費やしました。この金額だと新車が買えますね……。

　術後、国内で経過を見てもらい、抜糸を行うのに医療費が必要でした。さらに戸籍の性別変更を性同一性障害特例法に基づいて行い、同時に家庭裁判所で氏名の変更の手続きを行いました。ここでは、裁判のために2カ所のドクターから診断書をもらう必要があり、その診断書が1カ所につき1万円以上、診断書だけではなく、移行する性別

自分ごとで考えてみる

に近似している身体であることを示す必要もあり、本当に海外の手術で子宮・卵巣が摘出されているかどうかを確認するために苦痛な検査も受けました。もちろん検査代がかかりました。氏名の変更については通称名の使用実績提出も必要と言われ、書類作成のためのプリント代などの諸経費もかかりました。

　やっと、性別や氏名の変更を家庭裁判所で行った後でも、近隣の役所、本籍地の役所、銀行、警察署、年金事務所などに足を運ぶことが必要になり、窓口の人から「初めてのことで……」と待たされたり、もともとの氏名が記載されている謄本も持参するように依頼されたりと、何度も訪れなければならないことも多かったです。

　その後、パートナーと子どもを授かりたいと思い、不妊治療クリニックを探したのですが、ここでも協力的なクリニックがなかなか見つからず、見つけるために時間や費用、大変な労力を使いました。遠方の病院へ足を運び、「倫理的に無理」と言われ、パートナーが泣いてしまったことも。そのときにも憤りとくやしさを感じました。また行政の不妊治療に関する補助などは夫婦以外の第三者からの精子・卵子・胚の提供による不妊治療や代理母の場合は助成対象にならず、

私たちは婚姻関係にあるにもかかわらず、不妊治療の医療費を全額支払わなくてはなりませんでした。現在(2023年１月)でも厚生労働省「不妊治療に関する支援」の資料によると保険適用外になっています。私たち家族も同じように対象にしてほしいというのが本心です。

　ちなみに、現在各自治体では、異性カップルの婚姻届は無料に、パートナーシップ宣誓制度では、宣誓、受理証明書発行に関する手数料はかからないとしています。ですが必要書類に住民票の写しや住民票記載事項証明書、３カ月以内の戸籍謄本などの書類が必要となることが多く、異性結婚でなければ高額ではないですが、やはり費用が1000円程度必要となります。

　このように、これまでのことをふり返ると、社会の無知と偏見と戦いながら金銭面だけではなく、何より人生の中の大切な時間というコストがかかったと考えてしまいます。

通称名
通称は、戸籍上の名前ではない(正式の名称ではない)が、特定の人などに対する呼び名として世間一般において通用している名称のこと。

⑦

働きたい 職業につける？

　はい。もちろんセクシュアリティ（性）に関係なく、自分の働きたい職業について働くことができます。しかし、社会の中で人権問題となっているように、まだまだ日本の労働環境全体では、好きになる性や心の性がマイノリティ（少数者）であることで働きづらさを感じている人が存在することも事実です。具体的な内容は、右ページのデータを見てください。

　厚生労働省ではそのような問題を解決するために、性的指向や性自認と職場の関わりについても、男女の区分と同様、業務遂行上の本人の能力などとは関係がないものとして取り組む意義を企業に伝えています。昨今ではSOGIハラスメント（性的指向・性自認に関する嫌がらせ）に起因する裁判（法的責任の発生）も増えており、性的マイノリティの当事者が性的指向や性自認を理由に不快な言動や差別を見聞きしたり経験をしたりした場合、企業側は賠償金だけではなく、「会社の信頼」やイメージダウン（企業イメージの毀損）などのリスクも高くなり、社会の目が厳しくなってきたと感じます。

　厚生労働省は企業の中で取り組む意義を４つにまとめています。①多様な人材が活躍できる職場環境の整備、②性的マイノリティの当事者が働きやすい職場づくり、③社会的な機運への対応、④人権尊重やコンプライアンス対応の、４つです。

　また、職場における性的マイノリティに関する取り組みは７つです。①方針の策定・周知や推進体制づくり、②研修・周知啓発などによる

理解の増進、③相談体制の整備、④採用・雇用管理における取り組み、⑤福利厚生における取り組み、⑥トランスジェンダーの社員が働きやすい職場環境の整備、⑦職場における支援ネットワークづくり、の7つです。

　そして、性的マイノリティの人にも当たり前に公正な採用を進めてもらえるよう、性的マイノリティに関する取り組みのすべての問題解決のお手伝いとして、私が顧問になったり、性的マイノリティを中心としたメンバーでコンサルティング支援を行ったりしています。

　せっかく働くのですから、あきらめないで、ぜひ希望どおりの職業についてほしいと思います。

今の職場で見聞きした経験があるハラスメントの内容 （複数回答）

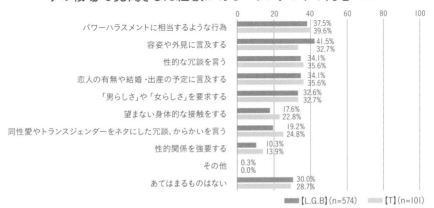

項目	【L.G.B】(n=574)	【T】(n=101)
パワーハラスメントに相当するような行為	37.5%	39.6%
容姿や外見に言及する	41.5%	32.7%
性的な冗談を言う	34.1%	35.6%
恋人の有無や結婚・出産の予定に言及する	34.1%	35.6%
「男らしさ」や「女らしさ」を要求する	32.6%	32.7%
望まない身体的な接触をする	17.6%	22.8%
同性愛やトランスジェンダーをネタにした冗談、からかいを言う	19.2%	24.8%
性的関係を強要する	10.3%	13.9%
その他	0.3%	0.0%
あてはまるものはない	30.0%	28.7%

「令和元年度職場におけるダイバーシティ推進事業（労働者アンケート調査）」厚生労働省（令和2年）
（注）凡例の【L.G.B】はレズビアン、ゲイ、バイセクシュアルの回答者を合わせた回答内容であること。
【T】はトランスジェンダーの回答者の回答内容であることを示す。
なお、上記は性的マイノリティであることを理由にしているもの以外も含まれた回答内容になっています。

自分ごとで考えてみる

なりたい自分に
なるための
治療（支援）って？

　まず、性的指向（好きになる性）が同性、または両性に向いている、他者に対して性的な興味や関心を抱かない場合は、性的指向についての治療対象ではありません。

　しかし、そのような場合でも、孤立感や周囲からの暴言、差別や偏見などによって、メンタルヘルスの問題が発生する場合があります。たとえば、不安症状、対人恐怖症状などといった精神症状が表れて、心理カウンセリングや薬物療法が必要になる場合もあります。

　次に、性自認（心の性）と体の性に違和を感じている人で、治療を求める人には心理カウンセリングの他にも具体的な治療があるので、主に2つの治療方法を紹介したいと思います。

1 ホルモン療法

　トランスジェンダー女性（男性から女性への移行）では、「エストラジオール」という女性ホルモンが勧められます。トランスジェンダー男性（女性から男性への移行）では、男性ホルモンとして「テストステロン」が使用され、筋肉注射が行われます。問題点は、高い容量の性ホルモンを用いるため、血が固まりやすく血管が詰まりやすくなること、血栓症など重篤な副作用が発生する可能性があることです。そのため内服よりも外用薬（パッチ・ゲル）で処方されることが多いです。こ

れらについて、明確なエビデンス不足といわれているのが現状です。

2 性別適合手術

　2018年より、ようやく心の性に体を合わせていくための性別適合手術について保険適用が認められました。**手術は性別違和感の軽減、うつ傾向の改善に役立つことが判明しています。**トランスジェンダー女性では、外陰部女性化手術を行うケースもあります。陰茎・精巣を切除し、睾丸を摘出して、陰核などを形成します。トランスジェンダー男性では、胸を男性化させるための乳房切除術、子宮・卵巣の摘出手術や陰茎形成術を行います。さらに個々の要望に応じての手術もありますが、感染症をはじめとする副作用などのリスクもついてきます。

　かつての「異常なセクシュアリティを正常なものへと治療する」といわれてきたものから、「多様な性のあり方を尊重し、支援する」という変換が起こっています。**自分はどうしたいのかを一番に選択することが大切**だと思っています。

 メンタルヘルス　　心の健康状態のこと。加えて精神的な健康の回復や維持、増進などそれらにまつわることを指す。

自分ごとで考えてみる

09

多様な家族構成が増えてきた

　私たちの暮らしている社会には様々な家族の形があります。異性同士で結婚し、子どもがいる家族もいれば、いない家族も身近に存在しますよね。幸せな家庭を築くことを誓い、結婚をした場合でも、途中で別の道を歩むことを決断するケースも少なくありません。

　そして、まったく同じではありませんが、性的マイノリティのカップルの家族のあり方も多様です。同性カップルが国内外のパートナーシップ制度を利用し、家族になることがあります。養子縁組という形で血縁関係はなくても親子関係を結ぶこともあります。

　また、私のようなトランスジェンダーの場合、養子縁組をすることもありますが、私に精子がなくてもパートナーの卵子がある場合にはAID（非配偶者間人工授精）を行うケースもあります。AIDとは、夫以外の第三者からの精子提供を受けて妊娠を試みる方法です。この方法は身体的に男性だが何らかの原因で精子がない「無精子症」のカップルだけが行う不妊治療ではなく、トランスジェンダー家族も治療を受けることができます。その他、卵子提供や代理出産など、

子どもを授かる方法も多岐にわたります。

　AIDの場合、医療機関にて精子が提供されます（提供される精子は妊娠する確率が高く、また感染や遺伝疾患の危険性ができるだけ少ないものを使用）。私たちの場合はパートナーの卵子と第三者の精子の顕微授精によって妊娠にいたりました。さらに、受精卵をまだ4回分冷凍保存しています。現在子どもは2人ですが、将来、もっと増えているかもしれません。

　私たち家族のように医療機関でAIDを行った場合には、現在、精子の提供者の情報が開示されないので、遺伝上の父親を知ることはできません。逆に提供者も被提供者を知ることはできません。海外の精子・卵子バンクを利用していれば、提供者情報をわかった上で実施できる場合もあります。そのため、渡航費や通訳など費用はかかりますが海外の支援を選択される人がいるのも事実です。生まれた子どもの「出自を知る権利」については今後の課題だと感じています。

自分ごとで考えてみる

それでも落ち込んで しまったときに どうすれば良い?

生きていたら、落ち込むこともありますよね。でも大丈夫です！感情を生むのは自分自身。体や心をコントロールしてしまいましょう。私が実践している「元気が出ないときにやることリスト」を試してみてください！

水分を摂取する

体の70%が水分といわれています。まずは新しい水を！　水分不足ではエネルギーがわきません。

20分散歩する、運動強度を上げる

科学的にも証明されているのは、ストレスを感じたら運動すると良いということ。大きく深呼吸をして体に酸素をたくさん取り込みましょう。散歩だけでなく、走ったり、体を大きく動かしたりして、血液の循環も良くしましょう。発汗や排泄をして体の中から毒素を出しましょう！

友達や家族、同じような境遇の人や憧れの人、好きな人に会う

自分を支えてくれる人や応援してくれる人、話に共感してもらえる人に話をしてみましょう。きっと元気が出てきます。

自然の中に身を置く

携帯電話やパソコンからの電磁波、排気ガスの汚れた空気の影響を受けない場所へ行き、自然の中にあるマイナスイオンで心も体も癒やされましょう。

感謝することをノートや日記に書く、言葉に出す

　腹が立つこと、ムカムカすることがいろいろとあるかもしれません。その中でもきっとあなたが今、ここに生きているということは何らかの支えがあるからです。感謝できることに焦点を当てて、心のエネルギーを補充しましょう。

5分間笑顔をつくる

　落ち込んだときこそ笑顔で過ごしてみましょう。体と心は連動しているので、笑顔でいると心が落ち込んでいられなくなるのです。スキップをしたり踊ったりすることも有効だといわれていますが、体の使い方や顔の筋肉の使い方次第で、心の状態も自分でコントロールすることが可能です。

　これらは、実際にやってみると効果があるものばかりです。体のトレーニングは心のトレーニング！　保健体育科では「心技体」という言葉によくふれると思います。自分の人生や感情をできる限り自分で操縦し、自分らしく生きていきたいですね！

マイナスイオン　川辺や滝など水滴同士がぶつかり合う場所に存在。疲労やストレスの軽減、リラックス、病気に対する抵抗力の増加に有効だといわれている。

LGBTQのモヤモヤ、
お答えします！

Q
「誰にも言えなかったとき、どのように
気持ちを落ち着けていましたか？」

A
1つは本です。図書館や本屋さんにまずは駆け込むのが
習慣でした。本の中には自分の考え方を改める機会、気
づき、もっと成長できる機会がたくさんあり、本はエネル
ギー剤でした。2つ目は運動です。悩みの多かった学生時
代はとにかく走ったり、ボールをけったりしていました。

Q
「心ない発言をされた相手を
恨んだりしていないですか？」

A
私の人生は「当たり前、普通」という社会概念と戦ってい
る部分があります。誤解や偏見も受けやすく「こういうも
のだ」という決めつけで、誹謗中傷、嫌な思いも多々してき
ましたがアンコンシャスバイアス（P.116）の研修にもちょ
うどいいとして、すべて多様性の時代以前を表すネタと
して使わせていただいています。そして、恨んでも幸せになれ
ないと考えています。与えられた課題を1つひとつ人生を
かけて解決していきます。

身近な人が
LGBTQだったら

Part

3

身近な人がLGBTQだったら

(01)

もしかしてと 思ったとき、 どう声をかけるか

　もしかして、あの人は性的マイノリティかな？ 10人に1人ともいわれている性的マイノリティの人々ですが、身近にいても何ら不思議ではありません。では、日常的にどんなふうに声をかければ良いでしょうか。結論からいえば、<u>本人が話したいというタイミングで話をすることであって、急がせたり、無理にカミングアウトを要求したりする必要はありません。カミングアウトをしないことを選択することも本人の自由なのです。</u>

　とはいえ、話しやすい、安心してもらえる場をつくっていくために、たとえば、最近「LGBTQに関する本を読んだ」「新聞、ニュースで性的マイノリティについて取り上げられていることを知っている」「先生たちも学校で研修をしている」「保護者、家族も性の多様性について、以前は学校で勉強することがなかったから、今勉強している」など、<u>日頃から意識を向けていること、知ろうとしているということ</u>を言葉や声かけだけではなく態度、姿勢、行動から発信してもらいたいです。

　<u>100%の理解を求めているわけではなく、大人や周囲の人たちが理解しようとしている姿、言動、多様性を尊重する価値観が何よりも</u>

本人の安心感につながるのです。学校だけではなく、家庭の中での親からの発言、友達からの発言、マスメディアなどからの発信内容も含めて社会の中の当たり前、普通という概念の押しつけやプレッシャーが、本来の個々のセクシュアリティについてのふれにくさ、話しづらさにつながっているものです。

　具体的なLGBTQに関する発信があることに越したことはありませんが、日頃からの「大人のジェンダーへのとらえ方、考え方」が何よりも大切だと考えています。大人は子どもに大きな影響を与える存在です。教科書にLGBTQについて記載があり学んでいる子どもたちと、親の世代とでは知識が違うのです。恥ずかしがらずにLGBTQや人権問題について関心を持ち、否定せずにまずは耳をかたむけ、かんぺきな理解ではなく、生きづらさを知ろうとしてくれる親や先生であってほしいと思います。

 マスメディア 「マス＝大衆」に対して情報を伝達する「メディア＝媒体」のこと。具体的には、新聞、雑誌、テレビ、ラジオなどを指す。

身近な人がLGBTQだったら

友達から カミングアウト されたら どう答える?

　すでに、カミングアウトをされたことがあるという人もいるかもしれません。そのような経験のないあなたも、今後友達、家族、親戚、同僚から「実は……」と、カミングアウトされることがあるかもしれません。もし、打ち明けられたときに、あなたはどのように接するでしょう。

　まずは、カミングアウトは信頼があるからこそ、信用しているからこそ行っているのです。私ならばまず「私を信頼して、話してくれてありがとう」と、打ち明けてくれたことに対して「ありがとう」と伝えます。私もそう言ってもらえると嬉しいからです。また、今回で話が終わり、ということではなく、今後も相談したいことや伝えたいこと、支えてほしいことがあるかもしれません。「いつでも、助けが必要であれば話を聞くよ。相談に乗るよ」ということも伝えてほしいと思います。

　ではなぜ、あなたにカミングアウトしたのでしょうか?「どうして私に話してくれたの?　私に何かできることはある?」と聞いてみることも良いでしょう。また「私以外には誰に伝えているの?」

と聞いてみてください。あなた以外にまだ誰にも伝えていない、ということであれば、特に子ども同士の場合には、「**信頼できる大人に相談してみない？**」ということも聞いてみてほしいと思います。**このときに相手の了承を得ずに他人に話をすると「アウティング」になってしまうので注意が必要です。**

　他の誰かと情報を共有し、問題を解決したりより良い方向性を話し合ったりすることは悪いことではありません。とても大切なことです。**押さえておきたいポイントは「必ず相手の合意を得ておく」ということ**です。本人の了承があった上で、連携をとり、その人がよりその人らしく過ごせる学校やその他の環境づくりのために話し合うことが大切だからです。最近では学校内の連携にとどまらず、小・中学校と地域で連携し、子ども、PTA保護者、先生、教育委員などに理解の啓発を行っているところもあります。

 アウティング ： 本人の了解を得ずに、他の人に公にしていないセクシュアリティを暴露すること。

身近な人がLGBTQだったら

�03 どんな配慮が必要か教えてください

　ひとりひとり必要な支援が違うので、レズビアンだからこうしないといけない、トランスジェンダーだから必ずこうしなければならないということはありません。

　<u>トランスジェンダーだから「だれでもトイレ」を使ってくださいと言われると、逆に抵抗を感じてしまうこともあるのです。</u>

　本人が困難を感じている部分について、日常生活上で難しい状況を具体的に解決していく必要があります。決めつけるような発言ではなく、「あなたはどうしたい？」「どうしたら安心してお風呂に入れるかな？」「どんなトイレなら安心して使えるかな？」「どんな服装だったら過ごしやすいかな？」と言葉をかけてください。<u>男や女という決まりきった枠組みを超えて、目の前にいる本人から「今、こんなことで困っている」ということを聞いてほしいと思います。</u>そこが原点になっていれば言葉の使い方で嫌な気持ちになる人は減らせると思うのです。

　また、人を侮辱していると感じさせる言葉として、「レズ」「ホモ」「オカマ」「オネエ」「オトコオンナ」などがあります。<u>「男なのか女なの</u>

か」「男なんだから」「女なんだから」といった言葉もジェンダーハラスメントにあたります。ハラスメント（＝嫌がらせ）と思われても仕方ありません。

　このように、現状抱えている困難への解決策も必要ですが、同時にその人の将来や今後を見据えて、<u>あなたがあなたらしく過ごせるような場所になるにはどんなサポートがほしいのか</u>を聞いてほしいと思います。「これから学校にこうしてほしいという希望はあるかな？」というふうに<u>一緒に未来について語り合える</u>ようになれば、<u>学校卒業後の進路もしくは治療などについても</u>、次はその次はと、本人<u>が解決していきたい課題を言葉にしたり具体化したりすることができるようになっていきます</u>。今困っていることだけではなく、少しも将来を見据えて悩みを聞き取ることができれば、必要な出会いや経験も具体的に見えてくるはずです。

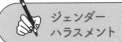ジェンダー
ハラスメント

「男らしい」「男のくせに」「女らしい」「女のくせに」など固定的な
性差概念（ジェンダー）にもとづいた差別や嫌がらせのこと。

わが子がそうかもと
思ったら誰に相談
すればいいの？

　わが子がそうかもと思ったら、まずは本人が今どんなことで困っているのか聞いてほしいと思います。必要に応じて、お子さんが安心して、また自分らしく生活を送ることができるように、たとえば学生の場合は、一緒に学校へ相談して働きかけてもらえると心強いですね。

　私が以前講演で伺った小学校で、保護者の方が1年生の時期よりサポートされているケースに出会いました。もし自分が子どもの立場だったらどれほど支えになるかわかりませんし、素直に自分のそばに親という味方がいると思うと嬉しいと思います。

　現実として、保護者から学校へ直接に相談されることは珍しくありません。私が講演したときなどにも親御さんとお会いしてお話することがあります。たとえば、入学時から心の性に合わせてスカートをはかせてあげたいというケース（逆のパターンで心の性が男性な

のでズボンをはかせたい)、現状では心の性も体の性も女性である児童・生徒がズボンをはきたいというケースもあります。氏名が男性か女性かということを特定しやすい場合は、通称名（つうしょうめい）といって本来の戸籍（こせき）上の氏名ではなく、今後、本人が使用していきたい氏名で学校に通うということもあります。ふだんの学級名簿をはじめ、外部への実習や卒業名簿にも通称名を使用することもあります。

　担任（たんにん）の先生や学年主任の先生、保健室の先生や、校長先生、教頭先生などはキーパーソンとして、日頃（ひごろ）から現場で性的マイノリティの児童・生徒の声に耳をかたむけ、学校がより良くなるように日々、考えながら行動されています。

　学校などにも相談しにくい場合はP.127の相談先リストに連絡してみてください。

身近な人がLGBTQだったら

子どものことを
どう呼べばいい？

　子どもの呼び方については、近年の教職員のみなさんの実践報告
書などの資料を見てみると、君、さんと分けられることで第一人称さ
え言いづらい子どもたち、生きづらい人がいることを知り、**君づけ、**
さんづけで呼び分けるのではなく、「全員をさんづけで呼ぶ」などの
対応が広がってきています。

　ある中学校の先生からは、「学校の先生同士が性別に関係なくさん
づけで呼び合うのに、子どもたち全員をさんづけで呼ばないことは
不自然に感じるのです」と、話を聞いたことがありました。また、転任
されてきたある先生から「以前の学校では全員が子どもたちのこと
をさんづけで呼んでいたのですが、この学校に来てから君づけ、さん
づけと逆戻りをしてしまいました。それぞれの先生によってバラバ
ラで統一を図れていないので、清水さんの教職員研修をきっかけに
して学校でのセクシュアリティについての意識を高めていきたい」
と、講演依頼されたことも。校内会議などで議題にしながら具体的に
変えていきたいという希望を持っていました。

　学校現場などでは先生たちもたくさんの研修を受けられて、今ま
でこうしてきたから変えられないという方よりも、**子どもたちの環**

境が良くなるように変えていこうという方が多い印象です。実際に、教職員向けの研修後には、その後の学校内の変化や成果などを報告してくれる先生もいらっしゃいます。たとえば、「学校内の不要な性別欄を削除して男女混合名簿にしました」「体育館での並び順は合理的に男女混合で背の順になりました！」などなど。さらに文化祭、体育祭では今までの慣習で行ってきた当たり前を見直すという、様々なアクションが見受けられます。

　このようにさんづけで呼ぶことをはじめ、表面化する言葉や日頃の慣習について、初めの一歩は大きく感じるかもしれませんが、先生方からは「始めてしまえばそれ以降は慣れてしまい自然になった」、最初は抵抗感があった管理職の先生も「もう当たり前にさんづけになりました！」という声も耳にします。このような呼び方1つ、背の順での並び方1つなどは、小さなアクションのように見えても、子どもたちとって大きな変化に違いありません。

 実践報告書 学校の先生たちが日頃授業などを考えて計画し実行した内容を他者に報告するために作成する書類。他者からフィードバックをもらいやすくなる。

いじめや （言葉による）暴力を 受けさせないように できることは？

　性的マイノリティの子どもたちの中には、身体的な暴力を受けたことがあるという経験を持つ子どももいますが、**実は、身体的な暴力以上に、言葉による暴力を経験している子どもが多数であることが伝えられています。**

　日常のセクシュアリティを決めつけたような発言、固定的なジェンダーへの役割に関する発言などにより、性的マイノリティの人々は孤立感を覚え、自己肯定が難しくなります。10代のゲイ、バイセクシュアルの自殺未遂リスクは異性愛者の約6倍、性同一性障害の約6割は自殺を考えた経験がある、と報告されています。子どもたちは小学校、中学校、高等学校の教科書でも多様な性について知る機会が増え、人権問題としての理解の推進のために人権学習や性教育、保健教育が進められています。それでも言葉の暴力はなくなっていないのです。

　子どもも大人も「ちょっとからかってみただけ」「悪気はなかった」「知らなかった」ですませ、メディアや新聞、書籍などでも取り上げられているのですから、社会課題として関心を持つということが大切です。<u>社会の課題を解決するために、生きづらさを感じている人は</u>

何を困難と感じているのか、何を不公平と感じているのかを知ることです。いったん今まで当然と考えてきたことを置いて、耳をかたむけることができる力が必要だと考えています。

　耳が痛い人もいるかもしれませんが、まずは決めつけるような発言や態度を見直し、これまでの意識を改革する必要があります。多様なセクシュアリティのあり方を知るにあたって、知らず知らずのうちに固定観念から「男はこうあるべき」「女はこうあるべき」と決めつけた発言をしていないか、男女二元論による「男なのか、女なのか」といった考えを押しつけたりプレッシャーを与えてはいないか、といったことに意識を向けてほしいです。

　すべての人々が安心して過ごせる社会づくりを行っていくために、今までの自分自身の態度、行動を見直し、変えていくことが必要です。

 男女二元論　　性別を男か女かのどちらかに分類して説明しようとする考え方。

Part **3**

ずっと応援するためのアクション

　私のパートナーは、私が嫌だろうなと感じられる場面で、「いやいやその発言は……」と私を守るために周囲に言葉にして伝えてくれることがあります。こんなことを言われたら嫌だろうな、こんな態度をとられたらその場にいづらくなるだろうなと、相手の気持ちになって考えられる想像力がある人と一緒にいることが何よりエネルギーとなります。

　このように、応援してもらっているなと感じるのは、差別的な発言や偏ったジェンダーに対する考えをする人がいた場合に、「それは、おかしい発言ですよ」「人を嫌な気持ちにさせていますよ」と、適切に意見をしてもらえるとき。それが心理的なサポートになるのです。そういう想像力を持っている人がそばにいてくれるだけで、応援されている！と生きていくパワーがわいてきます。

　私たちのような人が生きやすい社会になっていくために、固定観念の強い発言や態度をとる人、多様性に理解を示さない人や企業に対し、賛成や同調をしてほしくありません。性的マイノリティだけではありませんが、多様性に理解を示し、困難解決のために、共に行動

この人がいると安心できる…

してくれる人や企業をリスペクトしてほしいと思います。そして、企業のリーダーや選挙候補者の考えや発言をしっかりと確認しなくてはなりません。女性を軽んじている発言や、性的マイノリティに対する差別的態度が出てしまうような人をリーダーにしてはならないと感じています。そうでないとその人らしさが奪われ、あらゆる可能性が発揮しづらい世の中になるからです。日本の成長が止まってしまうどころか、後退してしまうと思います。

　これからは、多様性を尊重している地域や学校をリスペクトしましょう。できる限り、性的マイノリティへの理解を示し、研修なども行うALLY企業やLGBTQ企業から商品を購入しましょう。ハラスメント（嫌な気持ちにさせる）発言を決して許さないという姿勢が何より力（応援）になります。

ALLY企業

ALLYは英語で「仲間、味方、支援者」という意味。ともに性的マイノリティの課題を理解し、歩む企業のこと。

Q & A

LGBTQのモヤモヤ、お答えします！

Q 「カミングアウトしたとき、妹さんの反応はどんな感じでしたか？」

A 最初は「やっぱりそうだよね！」という反応でした。父や母が混乱していた時期には「ひろちゃんのせいだ」とも言っていました。数年後、妹は心から謝ってくれました。妹も混乱しますよね。知識や経験が少ないだけで「誰も悪くない」と今なら言えます。

Q 「恋愛をしていたことはありますか？」

A 手術前、戸籍変更前も恋愛しました。告白できなかったこと、ふられたこと、お付き合いできたこと。すいもあまいも、すべての経験が今の私に生かされていると感じています。

Q 「手術をした後は、どのような気持ちでしたか？」

A 心情はとても晴れやかで、スッキリした気持ちでした。術後の痛み、その後のケアについて不安もゼロではありませんでしたが、Tシャツ1枚をスッと着られるだけで本当に嬉しかった。

法律や制度って
どうなっているの？

Part

4

日本では LGBTQに関しての 法律や制度は ある？

　日本では、まだ同性結婚は認められていません。異性同士のカップルが結婚をしたときに役所に提出する婚姻届は、異性間のみに限られているのです。けれど、**パートナーシップ制度は全国各地に続々と広がりを見せ、導入自治体は251（2023年1月現在）にのぼります。各地の自治体によって同性同士のパートナーシップを認め、パートナーシップ証明を行っています。**手続きは、自治体により違いはありますが、①宣誓日の予約、②宣誓書の提出、③交付という流れになります。また、兵庫県明石市が1例目、徳島県徳島市が2例目としてファミリーシップ制度を導入し、ファミリーシップ証明書を発行する自治体も出てきています。これはパートナーシップ関係であることを表明した二者の他に家族として暮らしている子ども（未成年）がいる場合に、子どもを含む家族がファミリーとして証明されるものです。また、子の法的立場についての裁判について紹介すると、2013年12月の最高裁判所の判決によって性別違和（性同一性障害）の人が性別変更後に第三者の精子提供によって子どもを授かった場合、夫婦の嫡出子であることが認められました。

　その他にも結婚の平等への第一歩として、2021年3月に札幌地方裁判所は、同性結婚を認めないことは憲法に違反しているとして

「違憲」と初の判断を下しました。日本国憲法第24条では、婚姻は「両性」の間で成立すると規定されています。

　世界の流れを見てみると、オランダで2001年に同性婚の法律が施行され、その後、2003年にベルギー、2005年にスペイン、カナダ、2006年に南アフリカ、2009年にノルウェー、スウェーデン、2010年にはポルトガル、アイスランド、アルゼンチンとその後も次々と同性婚が世界の国々で認められています。アジアでは、2019年には台湾で同性婚が認められています。残念ながら、**世界の主要7カ国で構成される政治フォーラムG7において同性結婚を認めていないのは日本だけ、ということになります。**

　それとは別で、性同一性障害特例法という法律があります。生まれたときの体の性と心の性に強く違和感を持っている人が、特定の要件を満たした場合に戸籍上の性別を変更できる法律です。こちらはP.84で詳しく解説します。

G7 ： フランス、アメリカ、イギリス、ドイツ、日本、イタリア、カナダの7カ国及び、欧州連合(EU)で構成される政府間の政治フォーラム。

法律や制度ってどうなっているの？

以前に比べると取り巻く環境は変化した？

　10年くらい前、2012年頃までは行政研修、学校の教職員研修、労働組合や企業での研修の際にLGBTQという言葉を聞いたことがない人、知らない人が半数以上だったことを覚えています。地域社会ではどのように変わってきたのでしょうか。

　たとえば、テレビや新聞で「パートナーシップ制度（P.70）」というワードにふれたことがある人も多いのではないでしょうか。法的効力がなく一律には語れませんが、パートナーシップを認められることによって、病院でパートナーが家族と同様に面会や付きそいなどができるようになったり、市営住宅など公営住宅への申請の際にパートナーを親族として申し込むことができるようになったりしました。しかし本来は、他国でも同性結婚が認められているように、自治体単位ではなく、国が法律として同性婚を早期に認める必要があると考えています。

　また、パートナーシップ関係であることを表明した２人の他に家族として暮らしている子ども（未成年）がいる場合には、家族関係を証明する「ファミリーシップ制度（P.70）」の存在も以前から比べると変化しています。

　一方、学校教育現場ではどのように変化してきたのでしょうか。

P.36〜37でも少し述べていますが、**文部科学省、教科書制作会社のアクションによって、性教育については「生殖のための教育」にとどまらないように家庭科、公民、総合学習、保健講演会……と、広く多様な科目で大切だと認識されてきました。**大人たちが子どもたちに多様な性について学習機会を約束していく必要性があると思っていますが、最近の実感としては、各地の教育委員会をはじめ、教職員の「性の多様性、子供の未来や命につながる重要性」への認識が広がっています。

　そして、中小企業でも安心して働くことができるよう、SOGIハラスメント（P.44）対策の義務化（厚生労働省2022年）という変化がありました。LGBTQについての研修を開催する、福利厚生を見直すなど、扱い方は変わってきました。ただ、実際に企業の担当者に伺うと、まだまだSDGsと謳ってイベントに参加するだけで終わりになっていることや、一部の職員にしか研修を行えていないということもあると……。目に見える変化（現象）だけでなく、根本的な目に見えにくい問題へのアプローチは、**地域でも学校でも企業でもこれからだと実感しています。**

03

住む場所によって違う法律やルール

　P.70でもお伝えしたように、日本では現在同性同士の結婚（同性婚）が認められていないことから、各自治体単位でのパートナーシップ制度、ファミリーシップ制度となっています。そうなると今度は、**それらの制度のある自治体と、制度のない自治体との間で地域差が生まれてきます。**

　また性教育は生殖に関すること以外にも命や生き方など人権尊重の観点から、重要な教育にもかかわらず、教育職員免許状取得に必要なカリキュラムには入っていません（大学によっては講演など実施）。そして学校での性教育や人権教育は現場の校長および副校長にゆだねられ、性教育であれば養護教諭、保健体育科教諭、家庭科教諭などが授業の組み立てをするといったふうに、それぞれの先生の采配による部分が大きくなっているのです。

　つまり性教育の内容、取扱時間については、教育委員会の方針などによって、熱心な先生がいる学校で直接教育の場がある場合もあれば、文部科学省からの通達の文章をただ回覧で回す程度の学校もあり、子どもたちの教育環境は様々なのです。

　日本各地の地域による特性の違い、魅力はそれぞれ多岐にわたっており、その違いも大切であると考えています。一方で、**性教育については、最低限の同じ教育環境を整えて制度の統一化を推し進め、子どもたちが多様な性についてふれて学ぶ機会をつくることが、今後重要な課題となると考えています。**

　また、2022年4月より中小企業に対しても性的指向や性自認に関するハラスメント対策が義務づけられました。このことは性的マイノリティに対しても働きやすい職場環境づくりを推進するにあたって、大きなメッセージになったと感じています。※

　今後、私たちが暮らしている地域社会の中で、LGBTQへの差別を予防、禁止し、社会の中で理解を増進させていくためには「**LGBTQに関する法律**」が整備されることも重要だと考えます。

※厚生労働省発表

 ハラスメント対策　　職場におけるあらゆるハラスメント(嫌がらせ)を予防するために行われる施策。

オリンピック・パラリンピックに参加できるの？

　はい。もちろん、**性的マイノリティの人々も参加する**ことができますよ。オリンピックを開催するにあたって、国際オリンピック委員会（IOC）はオリンピック憲章という、オリンピックを開催するにあたっての規約、つまりルールを制定しています。世界中から多様な人々が集まるスポーツの祭典ですから、選手、応援者もそれぞれの人権が守られるようにしなければなりません。

　そして、「このオリンピック憲章の定める権利および自由は人種、肌の色、性別、性的指向、言語、宗教、政治的またはその他の意見、国あるいは社会的な出身、財産、出自やその他の身分などの理由による、いかなる種類の差別も受けることなく、確実に享受されなければならない」と示されています。

　また、**性別に違和感を覚えているトランスジェンダーへの参加についても変化が見られています。**2004年のオリンピックではトランスジェンダーの選手が競技に出場する場合に、性別適合手術を受けていること、法的に新しい性別になっていること、手術後適切なホル

モン治療を少なくとも2年以上受けていることという3つの指針を示していました。

　しかしその後、2015年11月に、IOCは以下のような新しい要件を示しました。まず1つ目に、女性から男性へ性を移行した場合には性別適合手術は必要がない。また2つ目に、男性であった選手が女性選手として出場する場合には、心の性が4年間変更することはないと宣言することです。また、男性ホルモン値が過去12カ月にわたって、一定レベルを下回っていることとしています。それに従った要件で、**2016年のリオデジャネイロオリンピックからは、開催されています。当時のIOCの医事部長は、公平に参加の機会を与えることが必要であると伝えていました。**法的な性別よりも心のアイデンティティへの理解が、スポーツ界でも進んでいくことを嬉しく感じています。

 男性ホルモン値　男性ホルモンとは筋肉質な体形やがっしりとした骨格などを構成するために重要なホルモンのことで、その値のこと。

⑤

企業でも 取り組んでいる ところが増えてきた

　全人口のうち10%ほど存在しているといわれている性的マイノリティの人々。企業で働く職員の中にも存在していること（誰が性的マイノリティかと探す必要はありませんし、もちろんカミングアウトさせる必要もありませんよ）、取引先やお客さまの中にも存在しているという認識が深まってきました。

　それに従い、企業で働く、性的マイノリティの人々の働きやすさも考えられるようになりました。たとえば、福利厚生に、異性愛者と同様に結婚祝い金、結婚休暇、家族手当、住宅手当などの取り組みをしている企業があります。その他にもトランスジェンダーの職員に対する配慮、制服の選択、みんなで使用できる「だれでもトイレ」、通称名の使用（名刺や名札）、相談窓口なども挙げられます。

　2017年には厚生労働省が好きになる性や心の性に関する性的な内容もセクシュアルハラスメントと規定しました。2020年6月より職場におけるハラスメント防止対策が強化され、<u>厚生労働省は2022年4月には、中小企業にもSOGIに関するハラスメント対策を義務と</u>しています。

　LGBTQに関するセクシュアルハラスメントは「人権課題」なので、

会社としての方針を明確にし、従業員にその方針について知らせ、徹底していくための研修などを行うことも大切です。さらには、セクシュアルハラスメントに対する懲戒規定の作成も防止対策として有効です。

　法律を守り、社内教育を進めていくことにより、性的マイノリティの人々も安全を守られながら働くことができるのです。つまり、**みんなが安心して働くことができる環境が整うことによって、性的マイノリティの職員だけに限らず、その他の職員の人も含めて仕事への意欲の向上、勤続年数をのばすなど、離職の防止にもつながります。**

　一方で、保険、不動産、ファッション、ブライダル、携帯電話業界などの企業も、マーケティング戦略としてLGBTQ市場の開拓を進めています。これからの多様性を認め合う社会づくりが少しずつ進化しているのだと感じています。

 懲戒規定 　就業規則の内容に制裁（懲戒）の定めを記載することで、違反した者に労働基準法にもとづいて、降格、解雇などを科すこと。

通える学校に 制限はある？

　<u>制限はもちろんありません</u>。通いたい学校に通うことは可能です。入試などがある場合は学校の試験など、合格に向けてがんばる必要がありますけれどね。近年では、学校名称に「女子学校」「男子学校」としている場合でも学校のあり方は変化してきています。

　2018年にお茶の水女子大学、翌年2019年に奈良女子大学と宮城学院女子大学、さらに2020年に日本女子大学でトランスジェンダーの学生の受け入れが表明されました。そして、<u>実際に2020年度からお茶の水女子大学、奈良女子大学ではトランスジェンダーの学生の受け入れが実施されました。</u>

　実際に女子学校などでの研修や講演を多数実施している中でも、意識はどんどん変わってきています。たとえば、女子学校に通う生徒の制服や髪形について、研修後の翌日に、「制服にスラックスを導入し、ショートカットや角刈りも含めて校則を変えることにしました！」と報告をいただいたことがありました。

　その他、女子学校のカリキュラムにあった単位取得に必須の「女性学」について、どのような視点を持つ必要があるのか、検討するために質疑応答したり相談にのったりすることもあります。そのときは、女子学校の「女性学」という必修授業の中で「着付け」「茶道」「華

道」の3つを必ず受けさせるようにしていた学校でした。研修後には、3つのうち「着付け」に抵抗があるという生徒がいる可能性を考え、「書の作法」の選択肢を増やし、生徒が受講したい授業を3つ選ぶという方針に変更することになりました。そして、「女性学」の名称が廃止されました。

　学校のルールや校則など、集団生活を送っていくために規律も必要ではあると思いますが、**女性だからこうする、男性だからこうする、周りがそうしているから自分も合わせておく、ではなくて、自分で考える力や主体的に自分で選ぶ力を育む機会も大切であると考えます。**

　学校では、制服についてバリエーションが多様になったり、またはジェンダーレス制服ができたり、違和感を持っているトランスジェンダーだけではなく、すべての子どもたちが表現のあり方もずいぶんと自己選択できるようになってきました。

 女性学　男性の視点から構築された既存の学問を女性の視点からとらえ直そうとする新しい学問のこと。

⑦

そもそも 子どもを育てること はできる？

　もちろん性的マイノリティの人々も子どもを育てることはできます。家庭における教育や子育てに関する法律の規定ではこう書かれています。<u>民法第820条「親権を行う者は、子の利益のために子の監護及び教育をする権利を有し、義務を負う」。つまり親になったら、子どもが日常生活を送れるように保護し、責任を持って育ててくださいね、ということです。</u>

　たとえそれが、同性パートナー同士のパパ2人であったとしても、ママ2人であったとしても、その他に離婚、再婚をした親、2人ではなくひとりで父がトランスジェンダー、母がトランスジェンダーということであったとしても、子育てができない理由は見つかりません。

　私も現在2人の子どもがいる元女性の父親で、子育て真っ最中です！ 一緒にご飯を食べて、遊んだり、お風呂に入ったり、並んで寝たりと、子どもたちに心を和まされ、元気をもらいながらパートナーと2人、子育てに奮闘中です。

　パートナーと不妊治療を受けている際に、あるドクターから「あなたたちのような夫婦は子どもを持たない方が良い、子どもがいじ

めらたれどうするの?」と、心配からのアドバイスをもらったことがありましたが、正直言ってそんな心配いるでしょうか。父のあり方も、家族のあり方も多様です。いろいろあるからおもしろいと思いませんか？　子どもたちは、生まれた頃から私の支援の会、講演会に連れて行っています。多様な人と交流しており、いつか「トランスジェンダーのパパで本当に良かった！」と子どもに言われる自慢の親になりたいと思っています。現在は子どもたちに「パパ！　パパ！」と追いかけ回される幸せな日々です。

　どの家庭にもそれぞれ特徴があるでしょう。不妊治療をしたり、トランスジェンダーだったり、性的マイノリティの人がいる家族だからという理由で子育てがしづらくなってしまってはなりません。問題を1つひとつ解決していきながら、どの家庭もが安心して暮らせる社会にしていきましょう。

 親権　しんけん　：　親が未成年の子を成熟した人間とするために養育する、権利であり義務。

性同一性障害特例法でできること

　2004年に性同一性障害特例法が施行され、変わったことをわかりやすくいえば「戸籍上の性別を変更することができる」ようになりましたということです。「法的性別を変更できる」といえます。そして、戸籍上の性別を変更することができると、戸籍謄本や住民票の性別の変更によって保険証などすべての証明書の性別表記を変更することができます。

　さらに、戸籍上の性別を変更することによって、日本国内では婚姻制度に基づいて、恋愛対象が異性間であれば結婚することが可能です。ただし戸籍変更後のトランスジェンダーであっても恋愛対象が同性の場合には結婚できないケースもあります。

　そもそも戸籍制度自体、日本、台湾と世界的に見てもまれな制度です（海外の事情についてはP.94よりお伝えします）。では、裁判など、歴史的に見ていくとどうでしょうか。1979年に性別を心の性に適合させるための手術を受け、男性から女性に変えてほしいと裁判所に訴えたケースでは、当時、「人間の性別は染色体によって決定される

べき」と却下されることもありました。しかし1991年頃になると、インターセクシュアル（P.13）のケースでしたが、裁判所は「法的な性別は一律に決められるものではなく、当人の幸福の追求も考慮するべきである」と、新たな見解が出てくるようになりました。

　そして、2001年に性同一性障害の当事者らがそれぞれに戸籍記載事項の訂正を求めました。しかし、訴えはいずれも認められず、最高裁判所にて「性同一性障害は新たな法律を設けることで解決されるべき」という結論にいたっていきます。

　それから約2年、**2003年に「性同一性障害者の性別の取扱いの特例に関する法律」が成立、2004年に性同一性障害特例法が施行された**のです。現在でもまだ課題は残っていますが、こうして、ときの流れを見ていくと、<u>厳しい社会の中で声を出し、多様性の権利を認めてもらうために行動を起こしてくれた勇気ある先輩方に対して、尊敬の念と感謝の気持ちを忘れてはいけない</u>と感じます。

09

戸籍上の性別や氏名は変えられるの？

　多様な生き方を認められるようにと、行動されてきた先輩たちは、人権侵害を受けることがあったり、困難、苦労も多かったりと推測します。そのおかげでP.85でも紹介したように、2003年に「性同一性障害者の性別の取扱いの特例に関する法律」が成立し、2004年に施行されて、今日にいたっています。法律の正式な名称が長いこともあって、「性同一性障害特例法」という言葉で紹介されることも多いです。2008年と2022年には一部改正され、現在では以下の要件を満たす人は、性別取り扱いの変更を行うことが可能とされています。

　要件とは、2人以上の医師により性同一性障害（性別違和・性別不合）であることが診断されていることに加えて、5つの要件を満たす必要があります。1つ目は18歳以上であること（2022年、「20歳以上であること」より改正されました）、2つ目は現に婚姻をしていないこと、3つ目は現に未成年の子がいないこと（2008年、「現に子がいないこと」より改正されました）、4つ目は生殖腺がないこと、または生殖腺の機能を永続的に欠く状態にあること、5つ目はその身体について他の性別の性器に係る部分に近似する外観を備えていること、以上になります。

　また、この特例法との関連はありませんが、裁判所では性別の違和

感などにかかわらず、氏名を変更することが可能です。申請する際には、なぜ変更する必要があるのかといった氏名の変更理由や、通称名の使用実績（通称名で生活ができているかどうか）が必要になります。通称名の使用実績については、たとえば自宅のポストに通称名のはがきなどの郵便物が届くのか、ポイントカードやメンバーズカードも通称名を使って生活できているかなどの資料が必要ということです。

　この特例法が施行されて変わってきてはいるのですが、そもそもセクシュアリティは多様に存在していることから考えると、二極化した性別記載ではなく「X（どちらでもない）」の選択肢を増やすことはできないのか、そもそも性別記載が必要なのか、ということについても今後議論する必要があると考えています。すでに海外（ドイツ、カナダ、オーストラリアなど）のパスポートでは、男性でも女性でもなく「X」の記載が可能なのです。

生殖腺　動物の生殖細胞である卵子や精子をつくる器官。卵巣と精巣がある。生殖巣ともいうが、ホルモンも分泌するので生殖腺と呼ばれることが多い。

法律や制度ってどうなっているの？

法律や制度が変わるだけじゃ暮らしやすくはならない

　法律や制度が変わることで、性別を変更できるようになり、パートナー関係が認められるようになったことで、<u>社会のルールが変わり、生きやすくなった部分もあるけれど、法律ができたからといってそれだけですべてが解決するわけじゃないんです。</u>

　たとえば、私が性同一性障害特例法に沿って、戸籍上の性別を変更した後にも、本音では<u>「生きづらさは何も変わっていないじゃないか……」と思う日々もあったんですよ。</u>書類に記した性別が男性になったり、氏名が展人と変わったりしても、当時、21歳の頃には<u>人からじろじろ見られることに変わりがありませんでした。</u>戸籍上の性別が変わったからといって、すぐに自分自身のことを肯定的になれたわけではなかったし、トランスジェンダーであるという事実が悪いことではないはずなのに、まだまだ人に<u>本当の自分のことを伝えることには緊張と抵抗する気持ち</u>がありました。

　男性戸籍となり、就職活動の場面で「展人です」と挨拶し、トランスジェンダーであることを緊張しながらがんばって伝えたとして

も、面接官からは「うちの会社にはそんな人がいたことがないから無理だ」「そんな人と会ったのは初めてで、どう扱っていいかわからない」と言われました。**人として、扱ってもらえればそれでよかった**ですし、困ったことがあれば「こういうことで困っています」と伝えることもできます。しかし当時の私は、**なかなか言葉にできませんでした。**その後も就職活動の場面では何度も心が折れてしまいました。

　そのときに実感したのは、**法律も戸籍の性別や氏名の変更も大事だけれど、それだけではまだ「社会に居場所がない」**ということでした。性は生きることにつながっていること、性は人の命につながっていること、理解が広がってほしいとくやしさを痛感し、また涙が流れました。**法律や制度、あるいはインフラ、たとえば、「だれでもトイレ」を設置してどうか満足しないでください。**どうすれば性的マイノリティの人たちも生きやすい社会になるか、方法論より、人の心に目を向けてほしいのです。

自分を守るために 使える法律は ある?

　「LGBTQの人たちの権利を守るための法律が速やかに成立してほしい」と強く望んでいますが、**現状では、LGBTQの人々に対する差別禁止に対して実効性のある法律はありません。**

　なぜ差別を禁止する法律が必要なのか、まず1つ目には命を守るために「差別禁止」は絶対に必要です。多くの場合、寄りそった言葉や態度で接してくれる人たちとの出会いですが、ときには、こんなこともあります。

　「違和感を持って生まれた原因は何なのか」ということばかりを追及されたこと (今、目の前にいる人を理解してほしい……)、「妻との夜の営みはどうしているのか」と聞かれること (あなたにも同じことを質問しましょうか？　いや、私は聞きたくもないです……)、「処方箋について今日は聞かせてほしい、処方箋、処方箋」と何度も言われ続けたこと (病気みたいに言わないでほしい……)、話をさえぎり「男なのか女なのかどっちなのかが一番重要」と言われたこと (どちらでもない生き方を選んで生きています……)、「障害ではないなら、どう理解したらいいんだ」と言われたこと (もう言い方も、決めつけも態度も嫌！)、というように、今こうして過去に起こったことを書

いて思い出してみると、今でも胸が痛くなること、涙（なみだ）が流れることもあります。厳（きび）しいものばかりですが、これが現実です。

　人のせいにしたくないからこそ、自分にできることを探して一生懸命（けんめい）に声を出し、動き続けています。嫌な思いをして心に負荷がかかることもありますがまた前を向いて活動して、というその繰り返しです。

　実は、**LGBTQ差別を禁止する法律は世界ではすでに50カ国以上で施行（しこう）されています。**アジアでは台湾（たいわん）、モンゴル、ネパールで、LGBTQの平等を保障（ほしょう）し、多様性や多様な意見があっても、みんなと違（ちが）うからという理由でその人が生きづらくならないように明確にされています。今後日本が国際交流を行っていく上でも性の多様性を尊重（そんちょう）し合うことは重要なこと。**LGBTQの人々を守るLGBTQ差別禁止法が成立すれば、それが大きな一歩となるはず**なのです。同時にLGBTQの理解を増進することも忘れないでほしいです。

処方箋（しょほうせん）　：　医師が患者（かんじゃ）の病気の治療（ちりょう）に必要な薬の種類や量、服用法を記載（きさい）した書類。

今どきの性の多様性、学校教育はどう行われているの？

　性の多様性の教育事情についても変化してきています。性はプライベートなことであるから学校でふれない方がいい、ふれづらい、と避（さ）けずに、性は誰（だれ）しもが持って生まれていてそれぞれの自分の性を大切にすべきだと伝えることが重要です。

　子どもたちの命にも関わっているという部分では、岡山大学大学院の調査などで、いじめや暴力を受けたことがあるLGBTは68％、不登校を経験したことがあるトランスジェンダーは29％となっています。

　<u>小学校や中学校、高等学校や大学で性に関する授業や講演会が実（じっ）施（し）されるだけではなく幼稚園（ようちえん）などでも講演や研修は広がっています</u>。多様性が当たり前の価値観（かちかん）にふれるのは、早ければ早いほど良いと考えています。多くの大人は多様な性についての教育を受けてこなかったからこそ、書籍（しょせき）を読んだり、教職員、PTA主催（しゅさい）の講演会などを企画（きかく）したりして、意識を向けてほしいと考えています。<u>「大人は子どもにとっての教育環境（かんきょう）」</u>ということです。大人の頭の中にある「当

たり前、普通」という考えが言葉になり、態度に表れます。子どもたちの教育環境をより良くしていくために、大人が取り組むこと、そして同時に子どもたちにも理解を促してくことが大切です。誰もが「知らなかったから」といって周囲の人に嫌な思いをさせたり、つらい思いをさせたくはないですよね。

　2015年には文部科学省も性的マイノリティの子どもについて配慮を求める通知を全国の公立、私立すべての小学校・中学校・高等学校に行いました。翌年2016年4月1日には児童生徒に対するきめ細かな対応などの実施について教職員向けのリーフレットが文部科学省から出されました。その後、<u>2017年から高等学校の教科書、2019年からは中学校の教科書、2020年には小学校の教科書でも性的マイノリティについて掲載されるように変化してきています</u>。人権学習の授業時間にかかわらず、保健、公民、総合……、様々な授業で少しでもふれてほしいと思っています。

Column

他の国の取り組みはどんなものがある？

世界で初めてパートナーシップ、同性婚を認めたヨーロッパ

デンマーク、オランダ、ドイツ、イギリスなど

　パートナーシップや同性婚というものが、諸外国ではどのようになっているのでしょうか。

　1989年、世界で初めて同性カップルの「登録パートナーシップ法」を施行したのはデンマークです。その後はヨーロッパを中心に法律の整備が進みました。この「登録パートナーシップ法」とは、同性カップルも異性カップルが結婚している場合に認められる権利と同等の扱いを受けることができる法律です。まだ法律婚ができたわけではありませんが、同性同士の関係が法的に保障され

るようになりました。

その後、1998年になりオランダでも「パートナーシップに関する法律」が施行され、2001年には世界で初めて「同性婚」が法律で認められました。それに伴い同性パートナーによる養子縁組も認められ、国民の90％以上がLGBTQに対して肯定的に考えているという調査結果が出ています。同性婚の人の代理出産に国から補助金が出るようになっています。国際協力NGO（非政府組織）が行った調査でもオランダは世界で最もLGBTQにフレンドリーな国の1つに選ばれています。

2022年11月時点では、33の国や地域で同性婚が可能になっています。

また、オランダでは、1985年にヨーロッパでも先進的に性別変更が可能な法律を定めています。さらに近年になり、ドイツ、イギリス、ポルトガル、オーストリアなどヨーロッパ各国は、憲法裁判を経るなどして、手術とホルモン剤服用を必要条件から廃止するようになりました。そういった動向から、オランダでは2013年に可決したトランスジェンダーの権利に関する新しい法律が誕生しています。これによってトランスジェンダーの人々は、身分証明の書類に関する性別欄を、自らが選択した性別に変更できるようになりました。加えて、ホルモン剤の服用や手術など、従来の性別変更の際に必要とされていた条件が廃止されています。日本も近い未来そうなっていくと確信しています。

法律婚 ｜ 法律上要求される手続きをふんだ婚姻（結婚）のこと。

Column

他の国の取り組みはどんなものがある?

ロサンゼルスに世界最大のLGBTセンターが!

アメリカ

　世界のトランスジェンダーや同性愛に関する法律や市民の考えは、宗教上の問題や文化・価値観など様々な背景がからんでいます。多民族国家のアメリカではどういう状況でしょうか。

　アメリカでは、かつてはトランスジェンダーの人々は抑圧され、声を上げられない状況が続いていました。トランスジェンダーを含む性的マイノリティの解放運動は、第二次世界大戦後から始まり、LGBTQの解放運動は、1969年に起きたニューヨークの人気ゲイバーの事件がきっかけでした。このバーに警察が捜索に踏み込み、同性愛者やトランスジェンダーを連行しようとする騒動が起

き、これを機に性的マイノリティ当事者らによる抵抗と権利の獲得のための運動が活発化していきました。

2000年代に入るとトランスジェンダーの権利を守り、平等を求めるための組織やプロジェクトが次々に始動するようになりました。また、トランスジェンダーを公表している人が公的な仕事につく事例も増加し、社会的な認知や理解が広がっていきます。そして、2010年代になると、性に基づく雇用差別の禁止が含まれるなど、社会的な大きな変化が進んでいきます。

また、2017年11月には、カルフォルニア州の教育委員会が、中学校までの教科書に性的マイノリティの歴史の内容を含めることとしました。

就労の面では、州によって異なりますが、性的マイノリティに関する雇用差別を禁止する内容を法律で定めているところも多いです。

私が実際に3度訪問したロサンゼルスには世界最大規模のLGBTセンターがあり、2017年時点では8つの施設に600人のスタッフ、2000人のボランティアが勤務していました。センターが提供していたプログラムには専門的な医療、メンタルヘルスをケアするクリニックを備えており、HIVの検査や予防支援、若者への住居支援、就労支援、高齢者支援、法的支援など幅広く多数に及んでいました。

日本はアメリカと比較すると10年かそれ以上に遅れながら進んでいるということが、わかっていただけると思います。

 多民族国家　複数の民族から構成される国家のこと。日本は単一民族国家といわれる。しかし今後さらに人口減少が予想される日本は、世界の多様な人々の協力がより必要になることが考えられる。

他の国の取り組みはどんなものがある？

北欧、フィンランドでは「健康教育」でLGBTQを扱っている

フィンランド、ノルウェー、
スウェーデンなど

　世界各国のLGBTQに対する取り組みの中でも北欧には先進的な取り組みが多くあります。法整備としては、1979年にスウェーデンが同性愛を疾病リストから削除しました。また、ノルウェーでは世界で最も早く、1981年に「性的指向（同性愛）による差別の禁止」が定められました。

　別の面からも見てみると、北欧は2015年のゲイ幸福度ランキングで、1位アイスランド、2位ノルウェー、3位デンマーク、4位スウェーデンとなっており、2017年のLGBTQが働きやすいヨーロッパの国ランキングでも、1位ノルウェー、

2位フィンランド、5位スウェーデン、6位デンマークと上位を独占しています。

　さらにノルウェーでは2016年に、法律上登録されている性に違和感を覚えた場合、6歳からの性別変更が認められています。日本の大学病院の調査でも性別違和（性同一性障害）と診断される人の半数以上は小学校入学前から、違和感を自覚しているという調査結果もあり、早くからアイデンティティを大切にすることはすばらしいと感じます。医療機関での診断や手術を経ずに、申請によって法律上の性別の変更が可能になっています。ただし、6〜15歳の子どもの場合は、法的な変更手続きには保護者の同意が必要、16歳からは本人の判断のみで可能になります。

　言葉の変化が見られる国があります。たとえばスウェーデンは、2012年に男性にも女性にも使える代名詞の「hen」を追加しています。もともと、スウェーデンでは彼女を「hon」、彼を「han」と呼んでいましたが、この「hen」が加わったことで人々の考え方が変わったといいます。

　他にもフィンランドでは中学校と高等学校の「人間生物学」と「健康教育」でLGBTQを扱うなど、多様な取り組みが。カップルと家族の項目では、法律婚以外の事実婚や同性婚など歴史を含めて説明します。このように様々な人々の差別との戦いやその背景を学ぶことで、より柔軟で多角的な視野を持てるようになるのかもしれません。

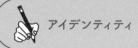 アイデンティティ｜自分は自分であると自覚すること。他者や社会から認められるという感覚のこと。日本語では「自我同一性」「存在証明」と訳す人もいる。

Column

他の国の取り組みはどんなものがある？

世界には、性的マイノリティが処罰される国もある

イラン、マレーシアなど

　LGBTQのとらえ方は世界的に寛容な国が多くなってきましたが、<u>依然として LGBTQの人々が処罰される地域も残っています。</u>
　記憶に新しい2022年9月のニュースで、イランでLGBTQの活動家2人がSNSに投稿したLGBTQの権利に関する発言などを理由に拘束され、「地球上で腐敗をまき散らした罪」に問われて、死刑判決が。同じく、イランで2005年7月に「同性愛の罪」で10代の男性2人が公開の絞首刑になっています。胸が締めつけられるような思いです。
　また、2007年にはマレーシアでトランスジェンダーの女性が暴行の上、拘禁されており、その後、イスラム法の服装規定違反で罰金の支払いを命じられて

います。

　このように、同性愛や同性同士での性行為などが終身刑や死刑になる国、トランスジェンダーやLGBTQであることの公言や社会生活が制限される国もまだ存在しています。一方で、宗教上の問題も存在しています。ソドミー法というキリスト教の考えで、生殖行為につながらない同性同士の性行為は罪とみなしていました。

　では世界から見た日本の現状はどうなっているでしょうか。これは2017年の国連人権理事会で、各国から日本に対して行われた勧告です。オランダやドイツなどから「性的指向・性自認を含む包括的な差別禁止法を制定すること」、ホンジュラスから「性的指向・性自認に関する国際基準を遵守すること」、メキシコやオーストラリアから「ヘイトスピーチ規制に性的指向・性自認を含めること」、ニュージーランドから「性同一性障害特例法の改正をすること」、スイスやカナダから「同性パートナーシップの法的保障を実現すること」、東ティモールから「同性間DV（ドメスティックバイオレンス）への対応をすること」、さらにカナダからは「地方自治体や民間企業における取り組みを促進すること」も挙げられています。

　日本は世界の国からの勧告に耳をかたむける必要があります。

 ソドミー法 ┊ 特定の性行為を性犯罪とする法律。裁判などでは「自然に反する」とみなされる性行動を指すとされている。

 DV（ドメスティックバイオレンス） ┊ 配偶者や恋人など親密な関係にある者から受ける暴力のこと。

聞きにくいけど、聞きたいこと

LGBTQのモヤモヤ、
お答えします！

Q

「現在のパートナーとの関係性、
役割分担はどんなふうに
されていますか？」

A

現在、私はおかげさまで年々、「清水さんに会いたい」「清水さんの話を聞きたい」とお声をかけていただき、全国各地を飛び回る状況で、口コミでも増えています。パートナーはそんな私を心から応援し、喜んでくれています。自宅にいるときには子どもの保育所への送迎、掃除、洗濯なども行います。また言語聴覚士でもあり医療・福祉の専門家でもあるパートナーの夢、「父が創業した会社・彩ケアサービスを地元で根を張り発展させる」、そのサポートのために力になりたいと私も応援しています。

Q

「今、ご両親との関係はどうですか？」

A

親は私が結婚してからずいぶんと変わったように思います。子どもに幸せになってほしいけれど、知識も家族像もなく不安だったのでしょう。きっとホッとしたんでしょうね。今では父も教育者の立場からの応援、母も私の講師業について事務などを手伝ってくれています。妹たちもそれぞれの立場から活動を応援してくれています。

Q

「自分の子どもには何歳頃に、
自分のことをお話しする予定ですか?」

A

もうすぐ、4歳と2歳になりますが、自然なこととしてすでにいろいろな人がいることを話したり、LGBTQの友達に会わせています。要望に応じて幼稚園に私がお話をしたりワークショップをしたりと出向いてもいます。

Q

「今、清水さんが
日常生活で心配なことはありますか?」

A

国内でもいわゆるデータの少ない時期から私は治療などを始めました。性同一性障害特例法ができた現在では1万人を超える人が戸籍上の性別を変更していますが、私は200人目程度で初期だったので、未知のことが多々あります。自分自身の身体的なホルモン治療や手術による影響がどの程度あるのかということが1つ目です。2つ目は、子どもたちをAID(非配偶者間人工授精)により授かっていることから精子提供者を知りたいと思ったときです。私はいろいろな方と協力し、もし情報開示されるならば、お会いしてその方と握手をしているイメージさえあります。現在はその2つです。

LGBTQのモヤモヤ、
お答えします!

Q

「LGBTQについてもっと学ぶには
どうすればいいですか?」

A

LGBTQについては書籍だけでなく直接会って話を聞く、講演会や研修、出会いも大事な学びや気づきになるでしょう。多様性という意味ではLGBTQ以外にも自分の固定観念を打ち破れるようなアンコンシャスバイアス(P.116)について向き合う時間、ワークショップやディスカッションによって他者の考えに気づき、考えることも大切です。

Q

「これからチャレンジしたいことは
何ですか?」

A

世界では性的マイノリティというだけで死刑や禁固刑になる国があります、とはいえ私には法律の知識、防衛する力がなく現地に行っても力になることは難しいかもしれません。ですが今行っている講演、研修、ラジオパーソナリティ、著者としての活動を心から行っていくことによって、日本中に理解を促すスパイラルをさらに大きく起こせると考えています。また日本国内でも不登校、自傷行為や自殺念慮の割合が高いことから、まず自殺を考えるほどに苦しさや生きづらさを感じてしまう社会の雰囲気を変えること、それが展人として、「広げる人」の使命と考えています。人々の無意識の偏見に向き合い、人の心を感動させ、世の中の固定観念の払拭のためにまだまだチャレンジしていきたいと考えます。

これから私たちが
できること

Part

5

これから私たちができること

個の多様性を
認め合おう

　この本で何度も「多様性」「グラデーション」についてお伝えしているように、私たちにはひとりひとりに個性があり、自分らしさがあります。

　多様性のことを「ダイバーシティ」といい、共に違いを認め合って生きていく共生社会を「ダイバーシティ＆インクルージョン」といい、この考えは広がってきました。英語のインクルージョンを直訳すると「包括」という意味で、全体をまとめる、包み込むということとなります。つまり「多様性を包み込む」。そのダイバーシティにも3つの側面があるといわれています。

　1つ目は内的側面。インターナルダイバーシティといって、個人が生まれながらに持っている個性のことです。たとえば年齢、出身地、性的指向や性自認などの多様性を指します。2つ目は外的側面。エクスターナルダイバーシティといい、周囲の環境に影響を受けて変化するもののことです。たとえば家族、友達から影響を受けて行っている趣味、家族構成、交際状況、外見や宗教などを指します。3つ目は組織的側面。これはオーガナイゼーショナルダイバーシティといい、組織の特性に関することです。学校、企業などの組織に属しているに

違いを認め合おう!!

しても、私たちひとりひとりがその組織を形成している一員であるということなのです。

　このように、3つに細分化して考えると、今まで自分とは違うと思っていた人同士が、実際には多くの共通点を持っていたことに気づけるかもしれません。私たちは同じ地球に生まれた同じ人間でもあります。

　<u>それぞれの違いや共通点を認め合うということから私たちの誤解や偏見を減らすことができます。</u>今までにやってこなかったことをやってみる、日頃から楽な方を選ぶという人は大変だと感じる方を選んでみたり、困難な方を選ぶ人は楽な方を選んでみたりと、個々が多様な人生経験を積むことで、多様な出会いを得られるようになり、今より豊かな気持ちになれるのではないでしょうか。認め合える自分は、相手のためにも自己理解にもつながるのです。

 ダイバーシティ ｜ 多様性という意味。個人や集団の間に存在する様々な違いを指す。

これから私たちができること

正しい知識は どこで知ることが できるの?

　情報を得ることが簡単な昨今だからこそ、正確なことを知ることが大切です。身近に使ってほしいのが、日本の行政機関の1つ「法務省」。法務省では、法の整備を行ったり、法秩序の維持を行ったりするだけでなく、国民の権利を擁護する機能もあります。わかりやすくいえば、法務省は安全で明るい社会をつくるために必要な活動をしています。

　インターネットで「法務省　人権」と検索すると、トップページの人権擁護局にて人権相談や救済手続きを行っています。また様々な人権啓発活動に取り組んでいます。人権について困ったことがあればひとりで悩まずに相談してみましょう。

　「法務省　人権」と検索すると電話番号も出てきます。電話相談やSNS（LINE）相談は自分が使っても良いですし、誰かが困っていたら電話やLINE相談があることを教えてあげてください。P.127の相談先リ

ストに詳しく掲載しています。「この程度のことで、私なんかが相談をしてもいいのかな」などとためらう気持ちもよくわかりますが、まずは自分で判断せずに頼ってみてくださいね。

　また、法務省が投稿しているYouTubeなどに公開されている様々な人権のビデオを見ることも可能です。私も仲間との定期的な勉強会で、LGBTQに限らず、セクシュアルハラスメント、ドメスティックバイオレンス、いじめ、児童虐待、同和問題、外国人の人権など法務省から発信されている様々な動画の視聴、その後の意見交換などを行っています。政府からの広報物を活用し、新しい情報や正しい情報をキャッチすることも有効です。

 セクシュアル　ハラスメント ： 他の者を不快にさせる職場における性的な言動と、職員が他の職員を不快にさせる職場外における性的な言動のこと。

⑬

子どもの名前を
つけるときに
考えてほしいこと

　私には2人の子どもがいますが、子どもの名前を考えるのには時間がかかりました。お子さんがいらっしゃる人、いかがでしたでしょうか？　ああでもない、こうでもないとパートナーと話し合い、書き出しては捨てて、良い名前！と思ってみても、画数が良くないのでは!?　なんて、言い出すとキリがないほどに考えて、そしていったん考えるのを休憩！なんて、考えることも大変でしたが楽しかったですね。

　そして私の場合、もともと展子（ひろこ）という名前です。「子」とつくとどうしても「女性」ということが結びつけられやすいため、私自身は21歳のときに裁判所で名前の変更を行っています。変更後は展人（ひろと）となりました。改名するための名前を考えるときも友達など多くの人からの名前の提案、助言やアドバイスなどをもらいました。友達の中には、おもしろいアイデアで、展子という漢字のままで展子（ひろし）というのはどう？と言ってくれる人もいました

が、私の場合は、「子」とつくことにやはり抵抗があり、生きづらいなと思いました。自分らしいと思い「人」という字を自ら選びました。従来の「展（ひろ）」という漢字は今までどおり使いたいと思い、最終的に「展人（ひろと）」となりました。

　○男、○雄、○太郎、○子など、男性、女性と強く連想されるような名前の場合でも問題がないケースはあると思います。けれど私は身体的にも女性から男性へ見た目が変化する中で、展子という名前であったために、何らかの受付時に展子さんと呼ばれるたびにソワソワしたり、また受付の人も私を見てびっくりしたりすることがありました。銀行でも役所でも病院でもたびたびです。そのような経験をしたこともあり、**子どもが生まれたときには、女性、男性と強く連想されるような名前をつけることはまず避けようということを第一に考えました。**あなたがもしこれから子どもの名前を考えるときにはぜひ参考にしてみてください。

これからの学校の制服は選ぶことができると良い

　<u>現在、制服について、改革が起きていますね</u>。創立100年以上の歴史を持つような学校でも、学ランを取りやめてブレザータイプの制服に切り替えるなど、男性は学ラン、女性はセーラー服という男女をはっきり分けるというスタイルから、ズボンやスカートを選ぶことができるという選択肢は残しつつも上着のブレザーのタイプも組み合わせを自由に選ぶことができるなど、<u>多様な性を持つ子どもたちに合わせ、ジェンダーニュートラルなデザインになってきています。</u>

　性別に違和感を持つトランスジェンダーの子どもたちだけではなく、体が女性でズボンを希望する人、体が男性でスカートを着用したい人など様々な子どもたちが存在しています。子どもたちのあり方や主体性を大切にし、自己選択、自己決定を促すようになってきました。ズボンやスカートがダメだと言っているのではなく、<u>それぞれが自由に選ぶことができ、それを大人や周囲の子どもたちが自然に受け入れられることが大切</u>です。

　中には、制服がなくなっているケースもあります。私たちひとりひ

とりの表現する性のあり方はみな、異なります。文部科学省も「性別に違和を持つ子どもへの支援として制服の着用は戸籍上の性別にとらわれずに、心の性自認を尊重し、心の性に合った制服や体操服の着用を認める」としています。

　さらにいえば、心の性に合わせてということもありますが、「その子の状況に合わせた」という部分も大切です。無理をして心の性に合わせるように強いることは良くありません。目の前の子どもたちの「どのような服装だったら学校で過ごしやすいか」「どんな服装を自分らしいと思うか」「大人たちにどんな協力をしてほしいか」という部分を尊重してほしいと思います。<u>本来、学校は男らしさを教育する場所でもなければ、女らしさを教育する場所でもありません。「人」を教育しているはずです。</u>

 ジェンダーニュートラル ｜ 男女の性差のいずれにも偏らない考え方。

こんな配慮があると暮らしやすい

　そもそも「配慮」とは、「事情を踏まえて、欠けることのないように心を配ること」という言葉です。LGBTQは障害ではありませんが、「配慮」というところで参考にすべきは、義務化もされた「障害者差別解消法」の「合理的配慮」です。

　合理的配慮とは、簡単にいえば障害者が社会生活の中で出合う壁（困りごと）を取り除くための調整、変更のこと。車いすを使用する人にとって階段は困りますのでバリアフリーの対応が必要です。固形物が飲み込みにくい人や食べにくい人に対しては、とろみをつけたり、食べ物を刻んだり、ペースト状にしたりするなどの工夫や配慮があれば食事時間も快適です。必要としている配慮はその人の障害の程度や状況によっても変わるため、絶対的なものはありません。

　そのことと類似していて、LGBTQの人々に対する関わりやしてほしい配慮も人によりそれぞれです。私も自分の困りごとを素直に認められない時期があり、「何も困っていない！」なんて言い放って

いたこともあります。その状況によって本当に困っていることがないときもあるし、困難を感じるときもあるし、といろいろです。

　合理的配慮は機会の不平等を正すものともされています。既存の方法では<u>マイノリティの人々が生活しづらい、過ごしにくいと感じたときに相談ができ、調整してもらうことができる</u>といった<u>環境面、特にALLYの存在は大きい</u>といえます。厚生労働省は企業にも相談できる体制づくりについてふれていますが、子どもたちの過ごす学校でも校長、教頭、教職員、保護者である大人が、子どもたちの積極的な支援者としてそばにいて良き理解者であってほしいと願っています。

　100%の理解を求めているわけではありません。見えづらさはありますが、<u>マイノリティを排除しない言葉配りから始めていただき、関心を持ち少しずつでも理解しようとする姿勢を望んでいます</u>。

これから私たちができること

自分が持っている偏見（へんけん）に気づき、活動する

　まだあまり知られていないですが、<u>アンコンシャスバイアス（Unconscious Bias）という言葉があります。無意識の偏見・無意識の思い込みなどと訳されています。</u>たとえば、あなたが相手のために良かれと思ってしたことが裏目（うらめ）に出たり、相手を傷（きず）つけてしまったりした経験はありませんか？　それはあなたと相手との間に「解釈（かいしゃく）のズレ」があるからです。その解釈のズレにより相手にとって不快な感情を生み出す結果を招くのです。

　たとえば、親が単身赴任中（ふにん）と聞くと「父親」が単身赴任中だと思ってしまう、「普通（ふつう）は〇〇だ」という言い方をすることがある、「相手の血液型で性格を想像してしまう」など、自分自身は気づいていない「ものの見方、とらえ方の歪（ゆが）みや偏（かたよ）り」が存在（そんざい）しています。そして、その人の過去の経験や知識、価値観（かちかん）、信念をベースに認知や判断を自動的に行い、何気ない発言や行動として表れます。

　これは、性別や社会的な役割（やくわり）をイメージしてしまう場合もあります。看護師（かんごし）と聞くと女性を、医師と聞くと男性を思い浮（う）かべる人、社長と聞くと男性、その秘書（ひしょ）は女性など、職業から「こういう人はきっ

とこうだ」という、ステレオタイプな思い込みやイメージをする人は多いのではないでしょうか？　このステレオタイプとは、多くの人に浸透している固定観念や思い込みのことをいいます。

　たとえば、小学校で使うランドセルや上靴の色が男女で異なっているケース、女性は文系で男性は理系と想像してしまうケースなど、教育場面でも多様に存在しています。職場では、お茶出しは女性がするものという考え方、育児中の社員に営業は無理と思ってしまうなど様々な形で表れることがあります。

　そういった無意識の言動が相手を傷つけたり、ハラスメントの原因となる場合があります。まずは、**自分の中のアンコンシャスバイアスを知り、気づき、対処するということが大切**になります。職場や学校、そして日常生活の中で自分の中のアンコンシャスバイアスは一体何かを次のページで考えてみましょう。

 ステレオタイプ ┊ 多くの人に浸透している固定観念や思い込みのこと。特定の属性を持つ人に対して与えられる単純化されたイメージ。

これから私たちができること

あなたの「職場」における
アンコンシャスバイアスのチェック

以下の15項目は「職場」の様々な場面での考え方です。
あなたはいくつ当てはまりますか?

- ☐ 1 昇進を望む女性は、男性とは違って少ないだろうと思う
- ☐ 2 女性の方が男性よりもきめ細かな気配りができる
- ☐ 3 来客受付やお茶出しなどを男性が行うのは、違和感がある
- ☐ 4 大きい仕事は男性にお願いすることが多い
- ☐ 5 女性の上司には抵抗がある
- ☐ 6 仕事より育児を優先する男性は、仕事へのやる気が低い
- ☐ 7 事務的な仕事はつい女性に頼んでしまう
- ☐ 8 力仕事は主に男性が担当している
- ☐ 9 女性社員は管理職に不向きである
- ☐ 10 秘書と聞くと女性を想像する
- ☐ 11 女性との仕事はすぐセクハラと言われそうで面倒だと思うことがある
- ☐ 12 出世を望む男性は仕事を優先するはずだ
- ☐ 13 女性をひとりで海外出張させるのは、ためらってしまう
- ☐ 14 長時間労働や夜遅くの対応業務は男性が行う方が良い
- ☐ 15 子どもを持つ女性は、仕事の質が落ちてもやむをえないだろう

Check! ☐/15

あなたの「学校」における アンコンシャスバイアスのチェック

以下の15項目は「学校」の様々な場面での考え方です。
あなたはいくつ当てはまりますか？

- ☐ 1 数学は男性の方が得意だと思ってしまう
- ☐ 2 授業参観やPTAには女性が出席すると思っている
- ☐ 3 サッカーや野球は女性はやりたくないと思っている
- ☐ 4 女性に理系の進路は向いていないのではないか
- ☐ 5 生徒会長は男性がするものだ
- ☐ 6 女性には高い学歴は必要ない
- ☐ 7 児童・生徒を性別でさん・君と呼び分ける方がいい
- ☐ 8 工学部に進みたいと聞くと男性を想像する
- ☐ 9 男性の髪の毛が長いとおかしいと注意してしまう
- ☐ 10 赤色は女性、青色は男性が選ぶと思っている
- ☐ 11 整列や班分けは男女で分けるようにしている
- ☐ 12 男性はたくましく、女性はかわいく育てるべきだ
- ☐ 13 男性は家の手伝いより勉強をがんばってほしい
- ☐ 14 看護師や保育士になりたいという男性がいると驚いてしまう
- ☐ 15 家庭科は女性の方が好きな人が多いはずだ

Check! ☐/**15**

　どうでしたか？　数が多いほどアンコンシャスバイアスがあることを示します。アンコンシャスバイアスがあること自体に問題があるのではなく、問題は自分を押し通し、気づこうとしないこと、「偏見」に気づいたけれど「対処」しないことです。では次のページではその対処についてお話ししましょう。

解決策は
自己防衛に走らず、
意識的に自分を疑う
クセをつける

あなたが確信を持っている
「普通」「当たり前」「こういうものだ」を疑ってみましょう。
あなたが「普通」「当たり前」「こういうものだ」と
強く信じていることをノートに書き出してみてください。

▶ **書き出してみる**

- -

❶ 私は間違っていない
（つい人や他のことのせいにするクセがないか）

▼

偏ってはいないだろうか？ もしかすると○○ということも……

- -

❷ 今のままでいい
（前例がないのでそのままで良いというクセがないか）

▼

偏ってはいないだろうか？ もしかすると○○ということも……

- -

❸ 物事は何でもはっきりさせる必要がある
（白黒をはっきりさせるクセがないか）

▼

偏ってはいないだろうか？ もしかすると○○ということも……

- -

❹ 上からの指示には絶対に従うべきだ
（話し合い〈お互いの意向〉ではなく一方向のクセがないか）

▼

偏ってはいないだろうか？ もしかすると○○ということも……

- -

▶ 見直してみる

　このように特に自分が「子どもはこういうものだ」「人権とはこういうものだ」「先生はこうあるものだ」と「自分の中にある当然」と確信の裏にこそアンコンシャスバイアスはひそんでいます。一度、深呼吸をして「自分の偏りに気づく」ことで、結果として「自己認知力」を高めることができます。

　自分の考えには「間違いはない！」と発言して、たとえば家族、友達から「こういうあなたの態度は気をつけた方がいいよ」「こういうあなたの態度はちょっと傲慢じゃない」と人から指摘をもらえるうちはまだ良いです。人から指摘を受けにくいような場合、特にアンコンシャスバイアスに注意が必要です。

　決めつけ、押しつけには注意を払い、「普通そうだろう」と、無意識がゆえに気づきにくいこともありますが、「私は大丈夫」「私は問題ない」と思ってしまったら裸の王様です。

▶ 解決策（まとめ）

　自分の「当たり前」の価値観を疑い、決めつけをしない勇気を持ちましょう。自分では無意識ですから、対処のポイントは「意識化」することです。そのためには自分では気づけないため、家族や信頼できる人にお願いして「決めつけや押しつけの発言に気づいたら叱ってください（笑）。まではいかなくても教えてください」と伝えておくのも1つですね。そういった意味で、私もパートナーにはいつも感謝しています。

　そして、自分の考えだけではなく、自分と違う価値観を持つ人の話を聞くことが大切です。そうすれば相手の立場になって考えられ、そこから新しい気づきが生まれます。

おわりに

「どう伝えれば、子どもたちの心にも、また世代を超えて大人の心にもひびくのか」。

目の前の子どものためになること、目の前の先生が求めていること、行政機関や企業の担当者から聞いて良かった！と喜んでもらえるように何ができるかを考え、この10年間、少しでも理解を進めてもらうために、全国各地を動き回って行動し続けてきました。

今回の本では特に「わかりやすさ」ということに焦点を当てて制作を進めていきました。イラストレーターのカツヤマケイコさんのイラストでいっそうイメージしやすくなったこと、小学6年生の総合的な学習の時間で学ぶことが多いと聞いておおむね小学6年生から習う漢字にふりがなをふったことなどが挙げられます。

子どもたちを取り巻く学校環境において、心のバイアス（偏見）を取り除くための教育の推進はこれからだと考えています。本書が、LGBTQの子どもたちを含め、**すべての子どもたちにとって役立つととても嬉しいなと思います**。また、性の多様性について学生時代に学ぶ機会のなかった親御さんやすべての人にとっても気軽に手に取ってもらえる本となり、**お子さんとの多様な性の会話のきっかけとなることを期待しています**。子どもたちが学校で自分の将来の夢を語りたいときに語れるような雰囲気に変えていくには、多くのみなさんの知識や意識のアップデートが必要です。

日本各地のLGBTQに関する新たな取り組み（パートナーシップ制度・ファミリーシップ制度や相談窓口、トイレ設計など）にも関わり、実際に各地の行政機関の取り組みも進んできました。ですが**今後、日本が世界に続くには、社会課題として、自治体の制度ではなく、国が同性婚を認め、性的マイノリティにかかわらず様々な家族のあり方を尊重し、**不妊治療や養子縁組などについても異性カップルと同様に積極的に応援する姿勢を持ち、多様性を認めていく必要があると考えています。

幼少の頃から思いを言葉にできず、がまんをしたり、くやしい思いをしたり、涙してきた日々もありました。けれど様々な経験を経て、今では行政や学校、企業におけるLGBTQに関することについて、日本国内の状況または世界の事情も包括的に把握することができるようになりました。様々な社会の問題解決のために、年々、頼られ必要とされるようになりました。

自分の人生は自分らしく生きていれば大丈夫、とホッとすることができるようになり、「トランスジェンダーとして生まれてきて良かった」と思えるようにもなりました。「自分らしく生きていていいのよ」と言ってくれるパートナー、家族、友達、支えてくれる人の存在は、日々の安心感や自己肯定感に大きく働いていると感謝しています。

　その一方で、最近は、「誰かが私のことをどう思っているのか」ということよりも、それ以上に私自身が私をどう思い、どう扱っているのかも重要だということに気がつきました。

　私のここ数年間の変化は、パートナーが肯定してくれることに加え、自分で自分を肯定できるようになったことです。「人と違っていい」「個性的でいいじゃないか」「自分の感性や自分の資質、自分らしさを大切にして生きることはとても大切なこと」「世の中にはいろいろな人が必要」と自分自身にエールを送れるようになったことではないかと思います。

　他人はときにあなたの当たり前はおかしいと非難したり、自分の価値観を押しつけようとしたり、嫉妬したりすることもあるかもしれません。そんなとき、あなたは誰かの言動に左右されて人生のハンドルを切るよりも、自分の心のハンドルで自分の人生を操縦できるようになることも大切なことだと感じています。

　「答えは?」「結論は?」「白黒はっきりさせたい」「今までと同じ」。確かに答えがあったり、はっきりしたかったり、今までと同じであると私たちは頭をあまり使うことをせずに、楽なのかもしれません。私もシンプルにはっきりしていることを好みます。

しかし、性は虹色のようにグラデーションでひとりひとり違うように、私たち人間ははっきりしているばかりではなく、ひとりひとりに違いがあっておもしろみがあります。私自身もどんどん変化して成長するように、周りの人も社会も変化します。

　「自分らしく生きること」はそれが答えなのではなく、スタートなのかもしれません。自分らしい性やスタイル、自分らしい生き方について「私は○○だ！」と、思考停止になってしまってはもったいない。ありのままのあなたらしさを大切にしながらも、あなたにはまだまだ気がついていない自分がいるかもしれません。多様性の時代を認め合って生きていくには、人に対しても自分に対してもやわらかさを持ち、「自己探求を続けていくこと」も楽しい生き方かもしれません。短い人生を自分らしく過ごしていきましょう。

清水展人

参考文献

「LGBT 声を上げ、差別をなくそう」国際連合広報センターホームページ (2023年)

「UN Free&Equal-The Prince of Exclusion」国連人権高等弁務官事務所 (OHCHR) (2016年)

「性的マイノリティに関する偏見や差別をなくしましょう」法務省ホームページ (2023年)

「性同一性障害や性的指向・性自認に係る、
　児童生徒に対するきめ細やかな対応等の実施について (教職員向け) 周知資料」文部科学省 (2015年)

「小学校学習指導要領」文部科学省 (2017年)

「中学校学習指導要領」文部科学省 (2017年)

「ダイバーシティ・インクルージョン社会の実現に向けて」一般社団法人日本経済団体連合会 (2017年)

「自殺総合対策大綱」厚生労働省ホームページ (2017年)

「LGBTの現状と課題 」参議院常任委員会調査室・特別調査室 (2017年)

「多様な人材が活躍できる職場環境に関する企業の事例集
　〜性的マイノリティに関する取組事例〜」厚生労働省 (2020年)

「「いじめ」させない見逃さない」法務省人権擁護局・全国人権擁護委員連合会 (2021年)

「世界標準のハラスメント対策ガイドブック」日本労働組合総連合会 (2021年)

「国際オリンピック委員会「オリンピック憲章・IOC倫理規定」」
　公益財団法人日本オリンピック委員会ホームページ (2021年)

「人権のための図書館 人権ライブラリー」
　公益財団法人人権教育啓発推進センターホームページ (2023年)

「日本のパートナーシップ制度」公益社団法人MarriageForAllJapanホームページ (2023年)

「LGBTの学校生活に関する実態調査2013」いのち リスペクト。ホワイトリボン・キャンペーン
　平成25年度東京都地域 自殺対策緊急強化補助事業 (2014年)

「現地レポート世界LGBT事情-変わりつつある人権と文化の地政学-」
　フレデリック・マルテル著 林はる芽翻訳 岩波書店 (2016年)

「アメリカ・ロサンゼルスにおけるLGBT支援の現場」日本LGBT協会 総合教育出版 (2018年)

「日本と世界のLGBTの現状と課題」LGBT法連合会 かもがわ出版 (2019年)

「医学のあゆみ」第279巻第4号 医歯薬出版株式会社 (2021年)

「日本医事新報4521 "学校保健における性同一性障害--学校と医療との連携"」
　中塚幹也 日本医事新報社 (2010年)

「LGBT意識行動調査2019」LGBT総合研究所 (2019年)

「〈DVD〉じぶんらしくいきる-多様な性が平等に尊重される社会へ-」清水展人 総合教育出版 (2021年)

「自分らしく生きる〜性別違和を乗り越えて〜」清水展人 インスパイア (2016年)

「今とこれからがわかる はじめてのLGBT入門」清水展人 主婦の友社 (2022年)

「厚生労働省科学研究費補助金エイズ対策政策事業」(2015年)

（順不同）

相談先リスト

法務省

インターネット人権相談受付窓口　https://www.jinken.go.jp/

みんなの人権110番　電話 0570-003-110

子どもの人権110番　電話 0120-007-110（全国共通・無料）

女性の人権ホットライン　電話 0570-070-810

外国語人権相談ダイヤル　電話 0570-090-911

相談相手は、法務局職員または人権擁護委員です。
SNS（LINE）でも受け付けています。

文部科学省

子供のSOSの相談窓口

https://www.mext.go.jp/a_menu/shotou/seitoshidou/06112210.htm

電話 0120-0-78310　なやみ言おう（通話料無料）

日本LGBT協会代表理事
清水展人

hiroto.simizu1010@gmail.com

公式LINE　hiroto.shimizu

Profile 清水展人（しみずひろと）

非営利型 一般社団法人 日本LGBT協会代表理事。1985年、兵庫県に長女として誕生。18歳のときに性同一性障害と診断される。21歳のときに手術を行い、氏名と性別の戸籍変更を行う。教育職員免許状（保健体育科）、作業療法士、メンタルセラピストなどの資格を持ち、医療専門学校で医学総論・生命倫理・臨床心理学などを教える。教育機関や行政機関、企業などでの講演に、全国各地を飛び回る日々。現在は2児の父でもある。

ホームページ　https://www.hiroto-shimizu.com
Twitter　@simizuhiroto

子どもも大人もわかっておきたい

いちばんやさしい
LGBTQ（エル ジー ビー ティー キュー）

2023年3月25日　初版発行

著者／清水展人（しみずひろと）
発行者／山下直久
発行／株式会社KADOKAWA
〒102-8177　東京都千代田区富士見2-13-3
電話 0570-002-301(ナビダイヤル)

印刷所／凸版印刷株式会社

●お問い合わせ
https://www.kadokawa.co.jp/(「お問い合わせ」へお進みください)
※内容によっては、お答えできない場合があります。
※サポートは日本国内のみとさせていただきます。
※Japanese text only

定価はカバーに表示してあります。